Ricordo la prima volta che entrò nel mio studio la famiglia di Antonella, una adolescente di 16 anni afflitta da seri problemi alimentari. La ragazza indossava dei fuseaux neri e una minigonna. Il padre portava una felpa, azzurra come gli occhiali. La madre, sui cinquant'anni, aveva un aspetto giovanile, sportivo, e indossava una t-shirt bianca con una scritta nera: «te lo juro mi amor, el mecanico es solo un amigo».

Sottolineo questi particolari perché la curiosa conformità tra genitori e figli nel modo di abbigliarsi è uno degli indizi più immediati e significativi della percezione che gli uomini e le donne hanno di sé stessi. A osservarli, è come se l'adolescenza non fosse più semplicemente una fase della vita, una fase misurabile con strumenti cronologici, che apre la strada al mondo adulto. E in effetti non è più così. L'adolescenza, in alcuni casi, può essere anche una mentalità, un modo di atteggiarsi, e non solo di pensare, che può permanere a lungo, anche dopo la fine della giovinezza. Si tratta di una maniera per cristallizzare il tempo che scorre. Un sintomo di chi non ha alcuna intenzione di invecchiare, di chi vuole rimanere giovane ad ogni costo. L'adolescenza come ossessione permanente di chi, terrorizzato dalle rughe o dai fianchi appesantiti, combatte l'invecchiamento fisico, rimodellando continuamente il proprio corpo. Gli adulti che non vogliono crescere, d'altronde, rappresentano una tipologia sempre più frequente nelle ultime generazioni. Tanto che l'*Oxford Dictionary* ha coniato il neologismo «adultescente», ovvero «una persona di mezza età i cui vestiti, interessi e attività sono tipicamente associati alla cultura giovanile».

Quando si tratta di single o di coppie che hanno rinunciato ad avere figli la cosa non ci stupisce. In questi casi ci sembra che l'eventuale desiderio di trovare un compagno o semplicemente la mancanza di responsabilità possano giustificare il desiderio di eternare la giovinezza, di spingerla oltre i limiti della natura. Ma che cosa succede quando sono i genitori a travestirsi da Peter Pan? Quali conseguenze si producono nel rapporto con i figli? Non si tratta di un'abdicazione alle proprie responsabilità nei loro confronti. Al contrario. Ciò che sembra accomunare tante famiglie di oggi è proprio la cura dei figli. Spasmodica. Dove corre quel cinquantenne che, sul motorino, fende il traffico come un ragazzino? Nuoto, danza, musica, inglese: dove sta accompagnando suo figlio?

L'idea di «famiglia adolescente» nasce dall'esigenza di fotografare la mutazione antropologica che ha trasformato le nostre famiglie dall'interno. Ragazzi e adulti sembrano insensibili alle differenze che finora li avevano sempre caratterizzati. Tutti ugualmente impegnati ad inseguire i propri desideri, a comunicarli e a immortalarli sui social network. E così i genitori accompagnano i loro figli dalla nascita fin quasi alla soglia dei trent'anni, attraversando insieme le varie tappe della vita, ma rimanendo tutti invischiati in una sola e identica fase: l'adolescenza.

3.
COME FOSSIMO UN SOL CORPO

L'unica mia consolazione quando salivo a coricarmi, era che la mamma sarebbe venuta a darmi un bacio quando sarei stato a letto. Ma durava tanto poco questa buonanotte, e lei discendeva tanto presto! Il momento in cui la sentivo salire, e poi nel corridoio udivo passare il fruscio leggero della sua vestaglia di mussolina blu ornata con treccioline di paglia pendenti, finiva con l'essere per me un momento doloroso: annunciava il momento successivo, in cui, ridiscendendo, mi avrebbe lasciato. Di modo che questa buonanotte tanto amata, arrivavo ad augurarmi che giungesse il più tardi possibile, perché quella dilazione che avevo, quando la mamma non era ancora venuta, potesse prolungarsi. A volte, quando, dopo avermi baciato, apriva la porta per andarsene, avrei voluto richiamarla, dirle 'baciami ancora una volta', ma sapevo che il suo viso avrebbe assunto un'espressione di dispiacere. Mio padre, che trovava questi riti assurdi, s'irritava alla concessione ch'ella faceva alla mia tristezza ed alla mia agitazione salendo a portarmi quel bacio di pace[3].

Una pagina come questa, oggi, sarebbe impensabile. Perché nessuno, o quasi, fa esperienza quotidiana delle sensazioni appena descritte. Gli scrittori di oggi sarebbero costretti a inventarla di sana pianta. Non era così per Marcel Proust, l'autore del passo appena citato. Proust, da grande scrittore qual era, riesce a restituire in poche righe il legame tra genitori e figli, tutto giocato un tempo sulla distinzione tra due mondi. Una distinzione che spesso poteva diventare distanza, separazione e incomunicabilità. Ma ciò che conta qui è il fatto che fino a cinquant'anni fa sarebbe stato impensabile unificare il mondo dei genitori e il mondo dei figli. Questi erano due universi paralleli, che mai e poi mai avrebbero potuto o dovuto confondersi.

E se tra genitori e figli la distanza era così netta, era naturale che tra loro non si creasse alcuna intimità. Un tempo era inimmaginabile, per i ragazzi, confessare ai genitori i loro sentimenti, le loro esperienze più personali. Erano faccende troppo private e tra genitori e figli si stabiliva un tacito ma convinto accordo ad evitarle. Questa condizione aveva molti limiti, certo: la rigidità dei genitori causava conflitti talvolta molto duri, spesso interiorizzati; tuttavia, aveva anche qualche pregio, per esempio quello di favorire i figli nella costruzione di una propria autonomia. I figli individuavano i propri obiettivi forse anche nella fatica per raggiungerli, non di rado per imporli contro le resistenze della famiglia. Il distacco dai genitori poteva essere più o meno traumatico, ma restava in qualche modo naturale, spontaneo.

Nelle famiglie con più figli, inoltre, il mondo a parte era plasmato dalla complicità tra fratelli e sorelle. Loro, i figli, condividevano esperienze e cementavano un'amicizia lontana dalla presenza e dal controllo degli adulti, nella consapevolezza di un'irriducibile diversità dai propri genitori. Se non ci fosse stato questo mondo a parte, questa condivisione tra fratelli e sorelle, una bella fetta della letteratura per l'infanzia non sarebbe stata neanche immaginata: pensiamo, per fare solo due esempi, a *Peter Pan e Wendy* di Barrie o alle *Cronache di Narnia* di Lewis.

Ma i mondi a parte erano possibili perché si costruivano nella vita di tutti i giorni. Quando il padre tornava a casa, il tempo per stare insieme non era mai troppo lungo. La sera si mangiava insieme e magari si trascorreva un breve dopocena. Con l'introduzione della tv, alla fine degli anni Cinquanta, era la fine di *Carosello* a far scattare l'allarme. Sulla sigla conclusiva, bastava uno sguardo di nostro padre per mettere fine a ogni rimostranza. E non c'erano margini di trattativa: i piccoli dovevano andare a letto. Da quel momento in poi cominciava il tempo dei grandi.

Oggi non è più così. Viviamo continuamente spalla a spalla. Non è infrequente che uno dei genitori si stenda sul letto accanto al figlio e si addormenti con lui, oppure che il figlio vada a dormire nel letto dei genitori e che a un certo punto della notte il padre o la madre cerchi un altro giaciglio. La condivisione è talmente ampia che i genitori parlano con i figli liberamente, di qualunque argomento passi loro per la testa. E spesso, come accennavamo, facciamo persino assistere i nostri figli ai contrasti coniugali. Talvolta capita addirittura che chiediamo loro di partecipare e giudicare, inducendoli a prendere posizione a favore dell'uno o dell'altro. Insomma, genitori e figli sempre insieme, foss'anche abbarbicati su un motorino o in sella alla bicicletta.

La condivisione dei luoghi, delle abitudini, degli argomenti ha reso le distinzioni tra genitori e figli molto più sfumate di una volta. Per non dire confuse. È come se le fasi della vita, che una volta erano nettamente distinte, si siano mescolate. Nel 1950, nel suo *Infanzia e società*, lo psicoanalista statunitense Erik Erikson descriveva il ciclo vitale distinguendo molto nettamente gli stadi dello sviluppo psico-sociale. Questi erano perfettamente riconoscibili, persino visivamente. Esistevano dei riti di passaggio legati, per esempio, all'abbigliamento. I ragazzi indossavano i calzoni corti, e il permesso di indossare i pantaloni lunghi era il segno tangibile dell'ingresso nell'età adulta. C'era un modello, un percorso segnato che, probabilmente, rassicurava entrambi, genitori e figli.

Il processo che ci ha portati alla condizione attuale è iniziato dopo la seconda guerra mondiale, quando i giovani divennero «uno strato sociale separato», per dirla con le parole dello storico inglese Eric Hobsbawm[4]. I rapporti con la famiglia persero di centralità e lo spazio sociale più significativo, il terreno di incontro tra ragazzi e ragazze, divenne il gruppo dei coetanei. Il baricentro psicologico degli adolescenti cominciò a spostarsi dalla famiglia al gruppo, generando un modo di affrontare la vita completamente diverso rispetto a quello delle generazioni precedenti. I giovani avevano i propri miti, il proprio modo di vestire, le proprie espressioni culturali. Formarono una cultura, la cultura giovanile, che avrebbe inciso in modo determinante sulle principali dinamiche sociali e che avrebbe influenzato gli stessi comportamenti degli adulti.

Ecco una delle ragioni per cui l'abbigliamento di oggi è diventato un ulteriore terreno di condivisione. E in questo caso la condivisione ha una direzione ben precisa: sono infatti le mode dei giovani, i loro gusti, i loro atteggiamenti ad essersi imposti anche alle vecchie generazioni. All'uscita di una scuola elementare, i bambini sembrano degli adolescenti un po' sottomisura, con il sacco sulle spalle, i pantaloni lunghi, il giubbotto. Del resto i genitori sembrano spesso degli adolescenti, vestiti come sono in modo non troppo diverso dai loro figli. Pochi sono i padri in giacca e cravatta e le madri in tailleur; spesso l'intera famiglia indossa felpa e jeans.

Lo stesso vale per gli oggetti d'uso quotidiano. Il bambino che andava alle elementari, per esempio, portava sulle spalle la sua cartella, diversa da quella delle medie, diversa da quella delle scuole superiori, e certamente diversa dalla 'ventiquattrore' del padre. Oggi sulle spalle del bambino delle elementari, su quelle del ragazzino delle medie, su quelle del ragazzo delle superiori, del padre, della madre e persino dei nonni, compare lo stesso zainetto di plastica, cangiante nei colori e nelle fantasie, ma in fondo è sempre quello: lo zainetto universale che non contempla distinzioni d'età o di genere.

Come se gli stessi cicli di vita convergessero sull'età adolescenziale. Lo zainetto, nella sua onnipresenza, è il simbolo del fatto che oggi tutte le generazioni si affannano a rincorrere l'adolescenza. Come se uomini e donne percepissero una *vita allungata* rispetto al ciclo naturale. Lo zainetto, dunque, come azzeratore di una distinzione che, fino a quarant'anni fa, si voleva nettissima e invalicabile.

Certo, anche oggi la pubertà provoca un cambiamento radicale nei comportamenti dei nostri figli e nelle loro reazioni, anche oggi la sua irruzione scombussola la nostra e la loro vita. Ma in un modo tutto diverso rispetto al passato. Quando i nostri figli diventano adolescenti, la percezione che abbiamo di loro, quella che abbiamo di noi stessi e molta della quotidianità condivisa quasi fossimo un sol corpo, cambiano radicalmente. E nell'epoca della famiglia adolescente non tutti sono disposti ad accettare questa metamorfosi improvvisa. Oggi si aspira a prolungare all'infinito la fase della condivisione, perché non si accetta più la separazione suscitata dall'adolescenza.

E allora bisogna chiedersi perché, e quali sono le ragioni che ci hanno condotto fin qui.

4.
ABBIAMO CREDUTO A UN'EDUCAZIONE DIVERSA

La mia generazione è stata educata severamente. I nostri genitori erano determinati a insediare dentro di noi un giudice inflessibile che ci avrebbe dovuto accompagnare tutta la vita. Erano esigenti, forse troppo, i nostri genitori. Ed erano incapaci di starci vicino quando ne avevamo bisogno, anche loro malgrado. Quando, ad esempio, portavamo la pagella a casa tutti soddisfatti per gli ottimi voti ottenuti a scuola, nostro padre leggeva e commentava senza battere ciglio: «Hai fatto soltanto il tuo dovere».

Dovere, ecco la parola chiave. Noi dovevamo rispettare le regole. Dovevamo seguire il percorso che ci era stato assegnato. E quando era nostro padre a deviare dalla strada che gli competeva, ciò non bastava a intaccare l'etica del dovere che avevamo introiettato. Questa era più forte anche della legge del padre, tanto che Jonathan Franzen può descrivere così il protagonista del suo romanzo *Le correzioni*: «Tutta la sua esistenza era costruita come una correzione di quella di suo padre»[5].

Quand'è venuto il momento di educare i nostri figli, non volevamo essere per loro ciò che i nostri genitori avevano rappresentato per noi. Eravamo persuasi che fosse giusto rifiutare l'etica del dovere. La nostra famiglia si sarebbe liberata dalla logica delle «correzioni». I comportamenti non sarebbero stati giudicati come adeguamenti o deviazioni rispetto al percorso ideale, individuato e regolato una volta per tutte da norme sociali.

D'altra parte il modello educativo che noi – come padri – abbiamo rifiutato, aveva radici profonde. Quel modello, tanto rigido, era in qualche modo speculare alla psicologia descritta da Freud. Una psicologia ferrea, che si reggeva su un'oppressione precisa: quella esercitata dal Super-Io sull'Io individuale. Il padre della psicoanalisi vedeva in quest'oppressione una funzione estremamente chiara: era il prezzo da pagare per poter vivere in un mondo civile, in famiglia e in società. Le ingiunzioni del Super-Io servivano a bloccare le forti pulsioni individuali, in primo luogo quelle aggressive. Non che le spinte irrazionali venissero cancellate, tutt'altro, avrebbero anzi continuato a scagliarsi «contro il proprio Io», producendo così una continua tensione. Una tensione alimentata da un senso di colpa che, secondo Freud, non derivava soltanto dall'aver commesso un'azione sbagliata, ma anche semplicemente dall'intenzione o dalla fantasia di compierla. Tanto che lo psicoanalista inglese Adam Phillips, in un saggio dal titolo eloquente, *Contro l'autocritica*, rispetto al Super-Io arriva a chiedersi provocatoriamente: «... ma c'è qualcosa di sbagliato in lui... forse dovremmo pensare che gli è successo qualcosa di terribile»[6].

Il Super-Io rappresentava in qualche modo la voce paterna, sempre pronta a farsi valere e a muovere incessantemente gli stessi addebiti. Era alla parola del padre, infatti, che una volta spettava il compito di dettare le regole della casa, di indicare ai figli una prassi, un'abitudine, un modo di stare al mondo. I ruoli della famiglia erano ben chiari a tutti i membri. Al padre toccava lodare o sgridare e punire i figli sulla base della loro capacità o incapacità di conformarsi alle norme. La madre aveva un ruolo gregario anche se sotto sotto dirigeva la vita della famiglia. A lei spettava mediare tra la legge del padre e l'esuberanza anarchica del figlio. Ma la sua autorevolezza dipendeva quasi sempre dall'appello all'unica autorità indiscutibile, tanto che le minacce al bambino disobbediente erano tutte variazioni sullo stesso tema: «Se non fai il buono, lo dico a tuo padre stasera appena torna». Anche se il padre non necessariamente personificava la figura punitiva, la sua figura veniva evocata dalla madre quasi si trattasse di un principio superiore.

L'etica del dovere, dunque, era intimamente connessa alla società patriarcale. Impensabile la seconda senza la prima. Ma in che modo esse hanno condizionato l'educazione dei figli? L'esito è stato spesso il conformismo. Il figlio diligente finiva per sottomettersi alle regole della famiglia. Troppo forte il timore dell'autorità paterna. Troppo radicata l'esigenza di vivere in un universo ordinato, composto, comprensibile. Tutto doveva essere sotto controllo, in famiglia e nella società. Tutto doveva essere organizzato affinché le pulsioni fossero allontanate. Ancora una volta è la letteratura la testimone d'eccellenza di questa fase. *Il conformista* di Alberto Moravia è forse l'esempio migliore di una certa parabola educativa.

Camminando piano per le strade affollate e piene di sole

cercò di stabilire un paragone fra il sé stesso di diciassette anni prima e quello di adesso. Ricordò che a tredici anni era un ragazzo timido, un po' femminile, impressionabile, disordinato, fantastico, impetuoso, passionale; adesso, invece, a trenta, era un uomo per nulla timido, anzi perfettamente sicuro di sé, del tutto maschile nei gusti e negli atteggiamenti, calmo, ordinato fino all'eccesso, quasi privo di immaginazione, controllato, freddo. Gli pareva, inoltre, di rammentare che c'era stata in lui, allora, una ricchezza tumultuosa e oscura. Adesso, invece, tutto in lui era chiaro sebbene, forse, un poco spento, e la povertà e rigidezza di poche idee avevano preso il posto di quella generosa e confusa abbondanza[7].

La metamorfosi del personaggio dipinto da Moravia si è perfettamente realizzata. Le ambivalenze, le confusioni istintuali che avevano minacciato l'adolescenza di Clerici sono state represse dalla maturità. La vita adulta ha scacciato i dubbi, sedato le paure. La nuova armatura è il prodotto della società patriarcale e dell'etica del dovere. La nuova armatura è il conformismo legalitario e perbenista che oggi non indossa più nessuno o quasi.

Eppure nelle mie consultazioni con gli adolescenti mi capita tuttora, ancorché sempre più raramente, di incontrare ragazze e ragazzi nei quali riesco a cogliere il retaggio del mondo che fu. Un retaggio che, oggi come allora, serve a esorcizzare gli sconvolgimenti dell'adolescenza e si manifesta in un rigido meccanismo di autodifesa. La storia di Flavio è un esempio perfetto di questa inattualità. Flavio è un ragazzo di quindici anni che, tramite la madre, mi chiede aiuto per le sue soverchianti crisi d'ansia. Flavio è terrorizzato dall'idea dell'infinito, che nonostante la sua volontà gli torna in mente. Tenta di immaginarlo, ma l'impossibilità di concepirlo non si limita a disorientarlo, lo allarma, perché eccede le sue capacità rappresentative, le sue possibilità di controllo. Flavio è molto diverso dagli adolescenti che incontro abitualmente: capelli pettinati con la riga, camicia azzurra button-down, pantaloni di flanella e mocassini, mi fa pensare ad un ragazzo degli anni Sessanta, ordinato e «preciso» come lo definiscono i suoi amici. Flavio si definisce molto sportivo, leale con i compagni, determinato, perché – ripete – «quello che sono l'ho voluto io, ne sono pienamente consapevole e felice».

Il tema della fedeltà è il suo motivo dominante: la pretende dagli amici, ma anche da sé stesso, perché la famiglia gli ha insegnato quanto sia doloroso sopportare l'infedeltà. I suoi genitori si tradivano reciprocamente, e questo ha provocato conflitti e sofferenze in lui e nella sorella più piccola. Flavio è aperto con gli amici, gli piace uscire e divertirsi con loro, ma è soprattutto determinato e concentrato su di sé, vuole realizzare i propri obiettivi, costi quel che costi. Non ha ancora deciso che mestiere farà da grande, ma lo attrae l'idea di diventare generale o avvocato «perché mettono ordine». Aspira ad essere il migliore e lo angoscia non sapere se ha le qualità, ma soprattutto se possiede la determinazione per diventarlo. Quando cerco di mostrargli che c'è una opposizione tra il piacere del divertimento, la sana compagnia degli amici e la determinazione ostinata a non distrarsi da sé, e gli chiedo come riesce ad integrare le sue scelte, mi guarda stupito. Proprio non riesce a comprendere le mie parole e mi domanda: «Cosa devo integrare?». Flavio non riconosce in sé la compresenza e la contraddizione di queste due pulsioni. Tutto deve tenersi compatto nella sua testa, nella sua rappresentazione di sé. Teme ogni spazio vuoto che possa essere di nuovo occupato dal ricordo delle sofferenze che ha patito in famiglia. Teme ogni forza soverchiante, sente la minaccia dell'impeto della sessualità. Quell'impeto che ha travolto l'unione dei suoi genitori e che lo ha reso «genitore» troppo presto, genitore della sorellina. Arriva a dire del sesso: «Oggi non lo desidero». È come se volesse cristallizzare il tempo che passa ed evitare di entrare nelle tempeste dell'adolescenza. Dalle scuole elementari ad oggi, non ha mai avuto una ragazza e neppure si è mai innamorato, anche perché non sa esattamente che cosa sia l'innamoramento. «Non c'è una definizione», mi dice.

Flavio sembra un adulto. Ha quindici anni, ma assomiglia già a Clerici, il personaggio di Moravia. La sua identità appare rigida e difensiva, non vuole farsi condizionare da nulla, non dagli amici, non dalle ragazze. Vuole sfuggire all'adolescenza e restare immune agli sconvolgimenti che questa comporta. Flavio, adolescente adulto in un'epoca di adulti adolescenti. Ma che cosa significa davvero diventare adolescenti?

5.
I FIGLI DIVENTANO ADOLESCENTI

A un tratto non li riconosciamo più. I nostri figli non sembrano più loro, reagiscono in tutt'altro modo, più riservato, più brusco, spesso fuori misura. Ci appaiono troppo tristi, troppo allegri, troppo solitari, troppo socievoli e, talvolta, tutte queste cose assieme. Ci sconcerta la loro improvvisa imprevedibilità. Dopo una vita di condivisione quotidiana pensavamo di aver imparato a conoscerli, i nostri figli, eravamo convinti di saper intuire i loro umori, di controllare il loro carattere e, perciò, di poterne prevedere le reazioni. Sapevamo cosa aspettarci. O, almeno, così credevamo, e fino a un certo momento abbiamo avuto ragione di crederlo. Sapevamo che la rivoluzione era alle porte, che avrebbe scompaginato i ruoli e trasformato la vita familiare di ogni giorno. Gli amici ci avevano avvertito. Sapevamo che sarebbe successo e, nonostante la preoccupazione, pensavamo di essere preparati, pronti quanto basta, almeno.

E invece no. L'adolescenza dei nostri figli è un evento brusco, a cui noi genitori arriviamo sempre, ogni volta, impreparati. Non c'è manuale che valga: è un passaggio difficile da gestire, per noi e per loro. È sempre stato così, ma oggi ha acquisito tratti peculiari, inediti. L'adolescenza irrompe, ed è come se introducesse d'un tratto proprio quella distanza, tra noi e i nostri figli, che ci eravamo illusi di scongiurare per sempre con i nostri comportamenti.

Il primo indizio ci arriva dal loro mancato entusiasmo, che presto si trasforma in esplicito rifiuto, a passare la domenica insieme. Non c'è montagna, mare, città o megastore che tenga. A dodici anni, immancabile, avvertiamo la loro resistenza. «Voglio restarmene a casa». «Non ti senti bene?». «No, no, sto bene, è solo che non mi va di uscire». Eccolo, come una specie di fulmine a ciel sereno. «Ma perché non vuoi venire?». «Non è che non voglio, solo che vado a giocare a calcio coi miei amici, in un campetto qui vicino».

È una situazione completamente nuova, non siamo abituati al loro disinteresse, al rifiuto, al fatto che a un certo punto i nostri figli non ne vogliano più sapere della nostra compagnia. Ci rendiamo conto che lo stato d'animo di nostro figlio sta cambiando e questo ci allarma perché non capiamo che cosa sta succedendo, se si tratta di un episodio momentaneo o se invece si sta aprendo una fase irreversibile. Abbiamo ignorato i primi segnali di distacco: il fastidio per la vicinanza e l'intimità, la riluttanza per lo scambio di tenerezze, la porta del bagno serrata. Erano stati tanti i segnali che, a saperli leggere, ci avrebbero annunciato che il loro bisogno di riservatezza stava crescendo. Ma capita da un giorno all'altro di scoprire che no, non siamo più il loro faro, non siamo più il loro metro di giudizio, quello che nei loro primi anni di vita consentiva di valutare ogni situazione e muovere un po' più tranquilli i loro passi nel mondo. I nostri desideri non sono i loro desideri. I nostri giudizi non sono più, necessariamente, i loro giudizi.

Il distacco è iniziato e crescerà sempre di più, senza fermarsi. La causa, d'altronde, è ormonale. Intorno ai dodici anni gli ormoni entrano in moto e danno il via alla trasformazione fisica. È un'onda di ormoni che viene a sconvolgere durante la pubertà le reti della regolazione emotiva. Gli improvvisi momenti di eccitazione, di rabbia, di risentimento, l'oscillazione vertiginosa dell'umore, le reazioni smisurate, ne sono il più palese risultato.

In questa fase il sistema limbico, che guida le emozioni, si attiva fortemente, mentre la corteccia prefrontale – quella che controlla l'impulsività matura, promuove il raziocinio e il controllo degli impulsi – è in piena evoluzione, e lo sarà fino ai vent'anni. Da questo punto di vista, possiamo considerare l'adolescenza gli «anni del disallineamento». Come giustamente fa notare Jay N. Giedd: «Il cervello dei teenager non è difettoso, e non è nemmeno un cervello adulto pronto a metà: l'evoluzione lo ha modellato perché funzionasse in maniera diversa da quello di un bambino o di un adulto».

È importante saperlo perché possiamo leggere in una chiave tutta diversa il comportamento dei nostri figli: «Comportamenti come la propensione al rischio, la ricerca di sensazioni forti e il distacco dai genitori per rivolgersi ai compagni non sono segni di problemi cognitivi o emotivi, ma il naturale risultato dello sviluppo cerebrale, parte di ciò che serve a muoversi in un mondo complesso»[8].

Ma c'è di più: nel periodo fra i dodici e i quattordici anni, i ragazzi e le ragazze sono scarsamente empatici, hanno una certa difficoltà a riconoscere e a distinguere le espressioni emotive delle persone con cui entrano in contatto. I primi a essere investiti da questo cambiamento siamo noi, i genitori. Da questo momento in poi dobbiamo abituarci ad essere fraintesi. Una nostra espressione contrariata, il frutto di una semplice perplessità, di un turbamento da niente, di un disorientamento qualsiasi, basta questo perché i figli leggano nei nostri occhi uno sguardo severo di disapprovazione. Le intenzioni non contano, perché salta – e bruscamente – quella capacità indispensabile in tutte le relazioni, e in particolare con i nostri figli: la capacità di leggere nella mente dell'altro. Un'attitudine che gli psicologi chiamano *mentalizzazione*.

Prima che divenissero adolescenti interpretare la grammatica dei loro comportamenti, delle loro reazioni, non era poi così difficile. O almeno così ci sembrava. Eravamo nella fase psicologica del reciproco rispecchiamento, quella in cui il figlio tende a modellare il proprio comportamento su quello dei genitori. Lo fa senza consapevolezza, spontaneamente. Ricordo una foto scattata nella Germania dell'Est quando c'era ancora la cortina di ferro: un'immagine che spiega che cos'è un rapporto di rispecchiamento molto meglio di tanti discorsi. C'è un padre che cammina accanto ad un amico, con le mani incrociate dietro la schiena. Il figlio li segue a pochi centimetri, e anche lui, come il padre, tiene le mani incrociate dietro la schiena. Un'immagine che dimostra come i bambini tendano a far propri gli atteggiamenti dei genitori, a replicare i loro orientamenti. Al punto da imitare il loro modo di comportarsi, perfino le espressioni. Ecco perché non c'è famiglia che non si riconosca per alcuni tratti distintivi: una postura, certe espressioni, alcuni gesti, una qualche inflessione della voce...

Quando si conclude la fase del rispecchiamento, comincia – o dovrebbe cominciare – un processo diverso, la mentalizzazione. Un processo che è più difficile, perché non è istintivo, non funziona per contagio, immediatamente. La mentalizzazione è un processo cognitivo, che esige uno sforzo riflessivo. È questo il processo che dobbiamo attivare per ridisegnare l'intera mappa della relazione tra noi e i nostri figli adolescenti. Un'operazione che è tanto più necessaria in quanto il loro distacco da noi non è lineare. Perché gli stessi ragazzi che vogliono prendere le distanze dai genitori, e che per molti versi *devono* farlo, sentono anche il bisogno, in altri momenti, di averci vicini. E per noi genitori è difficile destreggiarci al meglio in questo continuo andirivieni. È faticoso tentare di capire ogni volta quando nostro figlio ha bisogno di interagire e quando al contrario sente la necessità di starsene per conto suo. Ed è questa la condizione che spesso ci porta ad assumere un atteggiamento iperprotettivo, ansioso, il cui effetto collaterale non tarderà a farsi sentire. Nostro figlio, infatti, interpreterà le nostre premure come un segnale di sfiducia nei suoi confronti, come un'incapacità nostra di accettare la sua autonomia.

Questa difficoltà nel comprendere le intenzioni che stanno dietro ad alcune azioni o a certi comportamenti si manifesta fin dalle prime fasi dell'adolescenza. Può considerarsi una sorta di cartina di tornasole dell'ingresso nell'adolescenza. Un passaggio che dà spesso luogo ad atteggiamenti egocentrici, documentati da un esperimento recente, che ha messo a confronto due gruppi di adolescenti – 12/14 e 15/17 anni – e un gruppo di ragazzi tra i

18 e i 22 anni[9]. A ogni gruppo veniva chiesto di partecipare a un gioco nel quale ciascun ragazzo riceveva da un giocatore virtuale una somma di denaro e doveva decidere se dividere tale somma con un vantaggio successivo oppure tenerla tutta per sé. Il gioco prevede che la decisione venga presa cercando di comprendere le intenzioni degli altri giocatori. Ebbene, l'esperimento ha rilevato che a differenziare il comportamento del gruppo più giovane era la minore capacità di comprendere il punto di vista degli altri giocatori, con la conseguenza che, tenendo il denaro tutto per sé, perdevano qualsiasi possibilità di condivisione con l'altro ed ottenere un vantaggio successivo. Ecco, la dinamica che scatena la prima adolescenza in famiglia non è poi molto diversa: il prevalere di un atteggiamento egocentrico e diffidente nei confronti dei genitori blocca lo scambio e la condivisione.

Insomma, è un po' come se i nostri figli non ci riconoscessero più, quasi non percepissero più in noi la fonte di un amore incondizionato. È come se si sentissero traditi per il fatto di non averci più dalla loro parte. Diventiamo oggetto di proiezioni, di attribuzioni, di fantasie negative.

Sarà facile trovarsi d'un tratto ammutoliti, questa volta veramente inetti a dipanare le incomprensioni che alimentano i sospetti e le diffidenze dei nostri figli. Vorremmo risolvere tutto abbracciandoli come abbiamo sempre fatto, ma sarebbe troppo semplice; dobbiamo attrezzarci davanti ai musi lunghi esibiti a tavola, ai loro silenzi, alla porta della loro stanza sempre chiusa. Riusciamo soltanto ad apparire molto invadenti o troppo assenti, il che, per certi versi, è la stessa cosa.

6.
CONSIDERA IL LIMBO

Ciò che noi genitori dobbiamo sempre tenere a mente è che durante l'adolescenza i nostri figli vivono in una sorta di limbo, prodotto dallo sviluppo contemporaneo – e, come abbiamo detto prima, *disallineato* – delle reti emotive e di quelle del giudizio. Il distacco da noi per rivolgersi agli amici, la propensione al rischio, la ricerca di sensazioni forti, i cambiamenti nel comportamento repentini e radicali sono l'esito naturale dello sviluppo cerebrale. Solo se teniamo conto che il cervello degli adolescenti ha una sua unicità possiamo ridurre la nostra ansia e, spesso, le reazioni scomposte di fronte a comportamenti insoliti e tuttavia adeguati all'età.

Non sempre la psicologia è in grado di cogliere i cambiamenti che vediamo riflessi nel comportamento degli adolescenti: sono molto più rapidi di quanto le teorie psicologiche, con i loro modelli risalenti, siano in grado di riconoscere. Forse il cinema è più abile nel raccontare queste trasformazioni. Il film *Thirteen (13 anni)*, della regista americana Catherine Hardwicke, uscito nel 2003, racconta la storia realmente accaduta a Tracy, una delle due protagoniste.

Tracy è una tranquilla ragazzina di 13 anni, che vive

con la madre divorziata a Los Angeles. È sensibile, ama la musica e passa il suo tempo con un gruppo di amiche abbastanza convenzionali come lei. Improvvisamente smette di studiare, si ribella alla madre che disprezza, pretendendo di comportarsi a modo suo, al di fuori delle regole della famiglia. Non è più la brava ragazzina benvoluta dagli insegnanti, si veste con gonne cortissime, si riempie di tatuaggi e piercing, e inizia una vita fatta di sesso, droga, furti, bugie, violenze e autolesionismo. Quello che è accaduto è che la sua vita è stata scossa da una specie di ciclone: la conoscenza di una nuova compagna. Evie è molto diversa da Tracy, pensa solo ai ragazzi, si atteggia in modo provocante e provocatorio, ha un comportamento sessuale sfrenato ed esibizionistico con tutti i ragazzi del gruppo. Tracy è incantata dagli atteggiamenti di questa nuova amica, che evidentemente scatenano in lei l'attrazione verso le sensazioni forti, trasgressive, rischiose, prima sopite. In breve tempo, precipita in un tunnel autodistruttivo da cui la madre, che si era mostrata incapace di intervenire fino a quel momento, cerca di portarla fuori per proteggerla dall'amica che l'ha trascinata in questa situazione.

Finito, dunque, il tempo in cui le ragazze, di fronte alle modificazioni della pubertà, tendevano ad assumere due tipi di comportamenti: da maschiacci, per un rifiuto della femminilità; oppure da piccole donne, identificandosi in modo quasi caricaturale con la madre. Sto estremizzando, naturalmente, ma quello che voglio dire è che hanno fatto il loro tempo i testi classici di psicoanalisi sull'adolescenza che cercavano di definire i percorsi tipici della crescita. Oggi nelle ragazze osserviamo una gamma piuttosto estesa di reazioni nell'affrontare la femminilità, sicuramente meno rigide e tipizzate rispetto al passato, condizionate come sono da quello che succede intorno a loro, dalle nuove tecnologie e dai social network.

Se in passato rifuggivano la sessualità che rischiava di prendere il sopravvento negandola oppure addomesticandola con una femminilità familiare e rassicurante, oggi le ragazze la vivono, la usano e, talvolta, la esibiscono contro la madre, per ribaltare la dipendenza che hanno provato nei suoi confronti fino a quel momento. Il sesso può diventare il mezzo per riaffermare il proprio potere sulla madre e per competere con le coetanee. Ovviamente il caso di Tracy è estremo, ma proprio per questo porta meglio alla luce alcune dinamiche.

C'è poi anche un'altra questione. La Rete permette oggi un accesso immediato a una immensa quantità di materiale pornografico. Gli adolescenti di una volta, soprattutto i maschi, tutt'al più potevano conservare nascosto nel cassetto un ritaglio di rotocalco con la foto di una donna nuda o qualche giornaletto pornografico con scene di sesso anche molto esplicite.

Oggi la situazione è diversa. Come hanno mostrato alcune ricerche, un ragazzo su tre frequenta siti pornografici. Lo fa da solo, ma più spesso lo fa in gruppo, insieme agli amici. In questa pratica, c'è la pulsione a scoprire che cosa è di fatto la sessualità, il desiderio di penetrare il suo segreto, anche negli aspetti più violenti o distorti, per appropriarsene a dispetto degli adulti. Il bisogno di vivere sensazioni forti, come abbiamo detto prima, è un bisogno radicato a livello cerebrale. Gli psicologi lo definiscono *sensation seeking*. Nelle dinamiche degli adolescenti, il metabolismo della dopamina ha una funzione importante. Se i livelli di dopamina sono molto bassi, l'adolescente si sente inutile, svuotato, prostrato. È lo stato di eccitazione in senso lato a restituirgli un senso di vitalità. Sono le sue azioni a stimolare il metabolismo e l'entrare nei siti pornografici è una delle cose che soddisfano questo bisogno: è fonte di forte eccitazione e di complicità non solo fra ragazzi, ma anche fra ragazzi e ragazze, in un clima da cui non è assente l'attrazione del rischio.

Le ricerche svolte tra il 2008 e il 2010 da Laurence Steinberg evidenziano come sia tipico degli adolescenti cacciarsi in situazioni di pericolo. A differenza degli adulti, che cercano più spesso il rischio da soli, gli adolescenti preferiscono condividerlo in gruppo, rafforzati dal reciproco sostegno, dalla conferma degli altri. Correre dei rischi insieme, fare qualcosa di proibito, è eccitante, significa infrangere le regole, mettere in discussione l'aspettativa dei grandi. Il *risk taking*, cioè la disposizione al rischio, è *nella mente* degli adolescenti, è funzionale al distacco. Se l'adolescente stesse a casa tranquillo con i genitori, non prenderebbe mai le distanze da loro, non crescerebbe.

Ma c'è qualcosa di più e di nuovo, rispetto al passato. Osserva lo psicoanalista Gustavo Pietropolli Charmet nel suo libro *Fragile e spavaldo*: «Oggi, gli adolescenti non hanno paura del castigo e non si sentono in colpa, perché gli adulti hanno abbandonato il sistema educativo della colpa e giustamente i figli non si sentono rei nei confronti del loro corpo e dei loro intimi pensieri»[10].

Liberi dal complesso edipico e abituati in ogni caso a considerare alleati i propri genitori, sono incapaci di vedere nelle loro scelte le possibili conseguenze sugli altri perché nessuno gli ha insegnato cosa significa 'immedesimarsi' nell'Altro da sé.

7.
... E LA RETE

È l'adolescente Narciso, colui che ha continuamente fame di visibilità perché ha bisogno di specchiarsi ed essere rispecchiato nel contesto sociale. Non può fare a meno del suo *pubblico*, il gruppo gli è essenziale per alimentare il suo narcisismo. Così è sempre *always on*.

The presentation of self in everyday life è il titolo molto significativo del libro del sociologo americano Erving Goffman. Per descrivere il comportamento sociale, viene utilizzata la metafora del teatro: un palcoscenico sul quale un attore recita la sua parte. L'attore osserva il suo pubblico perché è il pubblico a conferire un senso e un'amplificazione alla sua recitazione, creando così un campo interattivo in cui ciascuno svolge un proprio ruolo in funzione degli altri. Ma quello che si trasmette agli altri non è solo ciò che viene presentato, ma anche ciò che viene sottaciuto. Non a caso, il palcoscenico è delimitato da un retroscena che non può essere visto dal pubblico. Tutto questo diventa rilevante per leggere il comportamento degli altri, che si può manifestare anche attraverso segni impliciti, di cui gli stessi attori non sono consapevoli.

Nel rileggere le pagine del libro di Goffman, pubblicato nel 1959, trovo molte analogie con Facebook: anche qui un protagonista e un pubblico, anche se in questo caso l'interazione è la chiave stessa della rappresentazione quotidiana. Come scrive Danah Boyd, «Quando gli adolescenti creano un profilo online, sono allo stesso tempo individui e parte di un collettivo. La loro rappresentazione di sé è costruita attraverso ciò che esplicitamente trasmettono e condividono con i loro amici, che si lega al modo in cui le altre persone rispondono loro»[11].

Solo che quel «collettivo» lo è in un senso assai particolare e nuovo. È significativo, infatti, che il pubblico al quale si offre quotidianamente la propria narrazione personale, pur potendo essere in principio estesa al mondo intero, in Rete, viene condivisa solo con coloro da cui si ritiene di ottenere l'approvazione. Un pubblico che, rispetto a un nostro stato, può esprimere il maggior numero di *like*.

E di fatti la pagina Facebook è alimentata da una sola e sempre reiterata domanda: «A che cosa stai pensando?». È un invito continuo a esprimere il *proprio* stato. È una domanda che calando, per così dire, dall'alto si rivolge al singolo, a quella particolare persona a cui altro non viene chiesto che parlare di sé. Ma *in pubblico*.

Al pubblico vengono consegnate le proprie emozioni, si chiamano non a caso 'stati', istantanee in tempo reale dei momenti della nostra giornata. In parole e, sempre di più, attraverso foto e video. Di altri e, soprattutto, di sé. Rappresentazioni che si ritengono, anche inconsapevolmente, adatte all'approvazione degli altri, i *follower*. Più se ne hanno, più *like* esprimono, più l'immagine di sé viene rafforzata. Chi disapprova, può essere *bannato*, escluso dal gruppo. E poiché il suo narcisismo si alimenta di aspettative che spesso non trovano un corrispettivo reale, e a misura del senso di frustrazione che questo gli provoca, cresce la sua rabbia e con essa una reazione distruttiva nei confronti della persona che egli ritiene demolisca queste sue aspettative.

È quello che accade anche al di fuori della Rete: «Deve distruggere ciò che lo minaccia: la dipendenza amorosa da un altro essere vivente, l'appartenenza a un gruppo, l'antico desiderio di mamma, di papà, della famiglia. Narciso si sente minacciato da qualsiasi desiderio possa sperimentare, poiché esso può non venire soddisfatto o esposto alla dolorosa attesa di un sì o di un no»[12].

In ogni caso, fin da molto presto la Rete diventa la vera ribalta e il mondo in cui si fanno le prime esperienze, per niente virtuali (perlomeno dal punto di vista psicologico). È il carattere, la qualità del tipo di esperienza maturata dagli adolescenti in Rete, che è interessante e totalmente nuova. Tutta in pubblico e al tempo stesso solitaria. Dietro gli schermi, rimbalzando l'immagine che vogliamo che gli altri abbiamo di noi, senza che niente e nessuno la incrini. Un'esperienza virtualmente collettiva di ogni aspetto, anche il più privato o recondito, di ciascuno. Emily Nussbaum sul «New York Magazine» arriva a chiedersi se le nuove generazioni abbiano perduto il senso della privacy. Per non dire il senso del pudore, se guardiamo alla quantità di foto provocatorie, *osé*, presenti nei profili Facebook.

Come dicevamo prima, l'esperienza individuale, la condivisione da parte del gruppo di comportamenti trasgressivi di cui gli adolescenti hanno bisogno si alimenta non poco della frequentazione di siti pornografici. Ovviamente a spingerli è la curiosità verso il sesso, quell'esperienza che ritengono appartenga solo agli adulti. Il problema diventa la frequentazione solitaria e collettiva di questi siti. Il sesso viene restituito in maniera distorta, totalmente *arelazionale*. Piacere che si ottiene nei modi più perversi, esibizione fine a sé stessa dei corpi, forza della prestazione sessuale, ecc. Con il rischio che questa rappresentazione del sesso, nel momento in cui gli adolescenti cominciano ad avere le prime pulsioni sessuali e a costruirsi la propria identità di genere, diventi prevalente, indirizzandoli verso forme rigide, stereotipate, della sessualità. Spesso ad attirarli sono proprio gli aspetti più violenti o distorti della sessualità, quasi che fossero la chiave per penetrarne il segreto, per appropriarsene a dispetto degli adulti.

A dispetto degli adulti: come si spiega questo cortocircuito da cui è così difficile uscire? Sicuramente consente ai nostri figli di svincolarsi più facilmente da noi, di compiere quel passo necessario per conquistare un'esperienza autonoma del mondo, per costruire nuovi rapporti: in una parola, per crescere. Ma il fatto è che nel loro processo di separazione a entrare in crisi siamo proprio noi, che ci sentiamo estromessi dallo spazio di autonomia che nostro figlio costruisce per sé. Specialmente oggi noi genitori facciamo sempre più fatica ad accettare che i nostri figli divengano adolescenti. Il naturale scorrere del tempo ci atterrisce, siamo disposti a tutto pur di ricucire lo strappo che il crescere dei nostri figli porta con sé. E la soluzione migliore ci sembra quella di tornare adolescenti. Ancora una volta, adolescenti come loro.

8.
I GENITORI TORNANO ADOLESCENTI

«L'adolescenza è una 'malattia' normale. Il problema riguarda piuttosto gli adulti e la società: se sono abbastanza sani da poterla sopportare». Qualunque genitore dovrebbe imparare a memoria la massima dello psicoanalista inglese Donald Winnicott, perché quando parliamo di «famiglia adolescente» è soprattutto ai genitori che bisogna guardare. Quando i nostri figli diventano adolescenti, l'effetto è ambivalente: siamo felici di vederli crescere, ma allo stesso tempo abbiamo paura di non riuscire a fornire loro tutto il sostegno di cui hanno bisogno. Abbiamo paura che possano prendere una strada indesiderata e pericolosa.

L'adolescenza non è il semplice passaggio dall'incantevole meraviglia del bambino alla rassicurante indipendenza dell'adulto, come vorremmo che fosse. Di certo non lo è mentre la si vive. La sottrazione dell'intimità, fisica ancor prima che comunicativa, ci disorienta. Giorno dopo giorno, fatichiamo sempre di più a capire quello che passa per la mente dei nostri figli, anche perché sono molto abili a evitare ogni confronto e a ritirarsi nella propria stanza, magari appendendo sulla porta il cartello «Non disturbare!». E così, quando a noi genitori la sera capita di trovarci nel silenzio della camera da letto, continuiamo a pensare a loro. «Perché è ancora fuori?». «Aveva detto che sarebbe ritornato a casa presto!». «Se continua a non studiare, che cosa succederà a scuola?». «Perché è diventata così cupa?». «Ha problemi con i suoi amici?». Nostro figlio e nostra figlia diventano un puro mistero ai nostri occhi, che non riescono più a leggere dentro i loro.

E finiamo per comportarci come amanti traditi, ci scopriamo a rovistare nello zaino dei nostri figli, a origliare qualche telefonata dietro la porta della loro stanza, rigorosamente chiusa a marcare il territorio, a carpire qualche sms agli amici, a entrare sotto falso nome nella loro pagina Facebook. Escamotage, ingenui e indiscreti, che testimoniano il nostro smarrimento di fronte a figli che non siamo più sicuri di saper comprendere, di cui non riusciamo a controllare i sentimenti, a lenire i dolori, a prevenire gli errori che, per la prima volta, stanno compiendo in autonomia.

Ricordo una coppia di genitori che si rivolse a me per affrontare il caso di una figlia che, dopo essere stata una bambina modello, capace di ripagare tutti gli sforzi della famiglia, era diventata intrattabile. Compiuti i tredici anni, aveva iniziato a passare intere giornate ascoltando gli One Direction con le amiche, parlando in continuazione di un ragazzo del gruppo, Niall, che sognava di sposare. Una vera e propria ossessione. I genitori, due funzionari pubblici entrambi oltre i cinquant'anni, all'improvviso non erano più in grado di comunicare con lei. E quando la band sbarcò in Italia per un concerto a Torino, Olga si mise in testa di andare ad ascoltarli, a tutti i costi, nonostante la contrarietà dei genitori: «Hai solo tredici anni, come fai ad andare a

Torino? Dove pensi di dormire? E poi con chi?». La ferma ostinazione di Olga mise i genitori con le spalle al muro. Mettendo i genitori l'uno contro l'altro, la minaccia della figlia di scappare di casa fu risolutiva: la madre decisa a impedire la trasferta, il padre disposto a trattare. Nonostante la madre non smettesse di rimproverare al marito di avere una reazione debole di fronte al comportamento ostinato della figlia, fu la seconda la linea vincente. Il padre finì per accompagnare la figlia a Torino, con il preciso accordo di aspettarla in albergo.

La storia di Olga è solo una delle tante storie che ci raccontano come l'ingresso dei figli nell'adolescenza getti scompiglio tra gli stessi coniugi. Ciascuno di loro sperimenta *singolarmente* l'inedito rifiuto del figlio e cerca di scaricare sul partner la propria impotenza. Eccole, allora, le accuse: «Sei troppo debole». «Sei tu che gli permetti di essere come è», oppure «Ma perché sei così ottuso e non capisci come si sente?». Insomma, capita di non sentirsi sostenuti dall'altro in un momento di così grande timore e smarrimento, e la vita familiare viene messa inevitabilmente a dura prova.

Queste dinamiche, tuttavia, non sono certo nuove. E allora? Dove sta il fatto nuovo? Che cos'è cambiato per i genitori di un figlio adolescente?

Parafrasando la battuta di Curt Valentin, il futuro dei nuovi cinquantenni non è più quello di una volta. A cinquant'anni tutto sembra poter ancora cambiare, persino la famiglia, che – come abbiamo detto – non è più un'entità data una volta per tutte. Persino l'identità personale non è più concepita in modo rigido: è qualcosa che, sì, porta i segni delle scelte passate, ma è ancora aperta a metamorfosi future. I cinquantenni di oggi sentono di avere ancora una parte della vita da giocarsi pienamente. Il senso delle possibilità offerte dalla vita, tipico della giovinezza, resta spiccato. Ed ecco che, in qualche modo strambo, genitori e figli si trovano a vivere una vita parallela. Diversamente giovani e adolescenti entrambi. E così, anche quando hanno dei figli, i cinquantenni attuali non si sentono più soltanto genitori, ma persone con davanti una vita piena di opportunità che possono coinvolgerli a tutto tondo. Insomma, genitori, sì, ma genitori «moderni».

Le ricerche più recenti nel campo della neurobiologia forniscono evidenza scientifica a questa condizione. Hanno dimostrato, infatti, che a quest'età il nostro cervello non subisce l'involuzione che un tempo si pensava, ma va incontro ad un'ulteriore crescita. L'aumento della mielina, l'involucro lipidico che avvolge le fibre nervose, stimola un atteggiamento più riflessivo. Un atteggiamento che però non si traduce più in una tranquilla e saggia rielaborazione del nostro passato, come accade quando ci si sente alla fine del gioco e non ci resta altro che guardare indietro e rimpiangere quello che siamo o non siamo stati.

Dunque, la prima trasformazione si misura sull'autopercezione dei genitori. Che ha come conseguenza che, almeno psicologicamente, la figura uomo/padre e donna/madre coincidano solo in parte, seppure per una parte importante; in altri termini, pur essendo importante il ruolo di genitore, si ricerca una realizzazione personale come uomo o donna.

La seconda trasformazione, alla prima collegata poiché

ha sempre a che fare con la convinzione, o piuttosto la rigidità, con cui si interpreta il proprio ruolo, è il senso di insicurezza che ci invade nel rapporto con i nostri figli. E un ruolo importante qui gioca l'età avanzata in cui si hanno i figli. Si era abituati a pensare che, con il passare degli anni, la percezione di sé si stabilizza e ci libera dalle influenze e dal ricatto del giudizio altrui. Il che equivale a pensare che i genitori adulti sono più in grado di affrontare le critiche e i rimproveri dei figli, non facendosi condizionare e tantomeno ferire. Ma non è così, o almeno non più. Perché, a dispetto delle intenzioni, dell'entusiasmo, della vitalità, avere cinquant'anni non è la stessa cosa che averne venti in meno. Quando si è più giovani, si affronta la genitorialità con maggiore naturalezza e con un certo grado di spensieratezza, mentre quando gli anni passano, paradossalmente, ci si interroga di più sull'educazione dei figli e si ha più bisogno di rassicurazioni: faccio bene, faccio male...

Nelle famiglie adolescenti, insomma, il tasso di insicurezza è fortemente aumentato. Anche perché gli ultimi decenni hanno via via smantellato i modelli educativi di riferimento. E in una contemporaneità segnata dall'assenza sia dell'etica del dovere sia della società patriarcale, i genitori crescono i propri figli senza potere – e soprattutto volere – fare riferimento a una tradizione indiscussa e indiscutibile.

Ecco che allora noi genitori, insicuri, in crisi d'identità, cerchiamo conforto nei nostri figli per le scelte che li riguardano. Non sono rimasti soli a sentire il bisogno dell'approvazione familiare. Il rapporto genitori-figli ha cambiato completamente di segno. Non sono più soltanto i figli ad aver bisogno della legittimazione dei genitori, ma sono anche i genitori che hanno bisogno delle conferme dei figli. A differenza che in passato, noi genitori ci immedesimiamo malamente nel nostro ruolo. È come se il riconoscimento e il valore stesso del ruolo genitoriale dipendessero in misura importante dall'approvazione filiale. E questo provoca un rapporto talvolta rovesciato: alimentiamo, nei casi più complicati, un rapporto di sudditanza nei confronti dei nostri figli.

Siamo passati, così, da un eccesso all'altro: dalla famiglia *padrona* alla famiglia *serva* dei capricci filiali. Meglio cedere ai desideri del figlio, piuttosto che sostenere terribili e inconcludenti litigate. Quando i nostri figli vanno su tutte le furie perché non gli abbiamo concesso il permesso di uscire che, invece, i loro amici hanno ottenuto dai propri genitori, vacilliamo: «Forse gli altri sono più comprensivi e meno 'vecchi' di noi?». «Che facciamo? Teniamo duro? E se poi si sente diverso dagli altri?».

Il fatto è che siamo prigionieri di un rovello che Franzen descrive assai bene in *Forte movimento*:

> E perché, con la scusa di essere genitori responsabili, state inculcando ai vostri figli lo stesso ethos del consumo, se i beni materiali non sono l'essenza dell'umanità: perché vi state assicurando che la loro vita sia ingombra di oggetti come la vostra, con doveri e paranoie e immissioni ed emissioni, così che l'unico scopo per cui avranno vissuto sarà quello di perpetuare il sistema, e l'unica ragione per cui moriranno sarà il fatto di essersi logorati?[13].

Eppure, come è stato messo in luce da molti psicoanalisti, tra i quali lo stesso Winnicott, gli adolescenti avrebbero bisogno di confrontarsi con adulti stabili, convinti delle proprie idee, in grado di assolvere in modo fermo il proprio ruolo educativo. Perché nella lotta contro i genitori per far valere il proprio punto di vista, i giovani imparano a riconoscere i propri limiti e a trovare una propria coerenza personale.

Winnicott lo spiega molto bene in un suo saggio[14]. Individua due modi con cui possiamo rapportarci a un oggetto: relazionandoci o usandolo. Nel primo caso l'oggetto si colloca nell'area onnipotente del soggetto: l'altro esiste in quanto proiezione dei propri stati d'animo; nel secondo – l'uso dell'oggetto – c'è il riconoscimento di una sua realtà che prescinde dal soggetto.

Come si vede, il significato che Winnicott attribuisce al termine *uso* è ben lungi da quello di manipolazione o sfruttamento dell'oggetto: al contrario, significa il pieno riconoscimento della realtà dell'altro: «Quando parlo dell'uso di un oggetto, tuttavia, io do per scontato l'entrata in rapporto con l'oggetto, e aggiungo nuove caratteristiche, che implicano la natura e il comportamento dell'oggetto. Per esempio, se l'oggetto si deve usare, esso deve necessariamente essere reale, nel senso di essere parte di una realtà condivisa, e non faccio proiezioni. È questo, io penso, che crea l'enorme differenza esistente tra il mettersi in relazione e l'usare».

Nel descrivere questo processo, Winnicott ritiene fondamentale che «il soggetto distrugga l'oggetto» e, nonostante ciò, l'oggetto continui ad esistere.

Secondo questa interpretazione, noi genitori siamo parte del mondo onnipotente dei nostri figli, i quali hanno bisogno di un avversario per potersi affermare. In questa lotta per la supremazia, i genitori vengono uccisi molte volte nella fantasia. Quante volte gli adolescenti fantasticano sulla morte dei genitori per sentirsi liberi, ma poi scoprono che i genitori sono più forti delle loro fantasie distruttive. E questo è senz'altro rassicurante.

La risposta da parte dei genitori è dunque fondamentale: devono restare saldi di fronte agli attacchi del figlio adolescente, evitare rappresaglie che rischierebbero di confermare l'immagine distorta che il figlio proietta sul genitore.

Ma se i genitori tornano adolescenti, perché i figli dovrebbero diventare adulti?

9.
MADRI E FIGLI

«Siete sorelle?». Ortensia, quattordici anni, mi riferisce che non ne può più di sentirsi fare questa domanda quando gira in motorino con la madre. La madre è molto bella, è vicina ai cinquanta, e nel modo di comportarsi, nei gusti, nel modo di vestire assomiglia molto alla figlia. Durante le sedute non fa che ripetermi: «Ma perché non è come la mamma di Camilla? Perché non si veste da mamma?», «Non mi piace che si veste come me, jeans e maglietta corta e attillata».

La madre si è rivolta a me perché sua figlia da un po' di tempo ha attacchi di panico che si verificano, in particolare, se lei si allontana per un viaggio di lavoro, anche breve. Vivono da sole da quando il marito ha iniziato una relazione con un'altra donna.

Nel corso dei nostri incontri, diventa presto chiaro che Ortensia ha anche paura che alla madre possa succedere qualcosa di negativo. È l'unica persona su cui può contare da quando il padre se n'è andato. Ha bisogno di ancorarsi a una figura stabile, soprattutto ora che si sta inoltrando nel territorio sconosciuto dell'adolescenza. Ma a poco a poco le cose cambiano.

Appena inizia il Liceo, Ortensia conosce un ragazzo un

po' più grande di lei, che la corteggia con tenacia. Iniziano una storia. La madre è contenta e anche molto rassicurata, perché ha conosciuto i genitori del ragazzo durante le riunioni a scuola. È molto presente nella vita di sua figlia, tanto che decide di accompagnarla dalla ginecologa per farle prescrivere degli anticoncezionali. Col consenso della madre, Ortensia inizia la sua prima esperienza sessuale con il suo ragazzo. Studia con lui, esce con lui, di fatto vive con lui. Ed entrambe le famiglie sono felici. Durante i fine settimana il ragazzo si ferma a dormire a casa di Ortensia e al mattino si ritrovano tutti e tre a far colazione insieme, come fossero un'unica famiglia.

Passa un po' di tempo e Ortensia comincia a manifestare insofferenza per questa situazione a tre, e a lamentarsi del fatto che sono una coppia chiusa, che stanno sempre loro due, mentre lei vorrebbe uscire di più con le amiche e con gli amici, divertirsi. La madre, che capisce quanto sta accadendo, cerca di parlare con la figlia spiegandole del calo di entusiasmo, le dice che è naturale, che non significa che si è stufata di lui. Rassicurata dalla presenza del ragazzo in casa, con scarsa consapevolezza fa pressione sulla figlia affinché resti con lui. Il risultato è che si apre un aspro conflitto con la figlia. Un contrasto che usa il corpo come terreno di scontro. Ortensia vuole rimetterla al suo posto, non desidera una mamma amica, non ne sopporta la complicità con il suo ragazzo. Ortensia ha bisogno di proteggersi da sua madre perché teme la confusione dei ruoli. Decide di troncare la sua storia, il ragazzo è disperato e comincia a tempestare di telefonate la madre, che gli offre una sorta di alleanza e tenta di far ripartire il rapporto. Ma è troppo tardi, Ortensia non ha più dubbi: la vita è sua e vuole decidere da sé con chi stare. Ortensia ha deciso di imboccare la sua strada e di prendere le distanze dalla madre. Alla fine sbotta: «La mia storia è un matrimonio di famiglia, non ne posso più!».

Come risulta evidente, in questa storia si dispiegano molte delle ambivalenze presenti nel rapporto madre-figlia, in un momento particolare della vita di entrambe e all'interno della famiglia che ho definito adolescente.

Il fatto che le scambino per sorelle non è un fatto di poco conto, e tantomeno lo sono una intimità e una condivisione quotidiana così ad ampio spettro. Sono due corpi che si rispecchiano l'un l'altro, poiché le trasformazioni di madre e figlia corrono in parallelo, seppure in direzioni diverse e con inedite sincronie.

Vediamolo dal punto di vista della madre. Cinquantenne, bella, lavora con soddisfazione, ha molti amici. Ama molto sua figlia e si sente totalmente coinvolta nelle sue trasformazioni adolescenziali. È indubbio che il fatto di vivere da sole incide molto in tal senso. Ma c'è di più. L'ha avuta a trentasei anni, dopo una vita personale molto piena. Ora è in una fase della vita biologica non facile. È iniziata la menopausa, dubita della sua attrattività, la cura di sé è diventata maniacale, vuole continuare a essere la bella donna che è sempre stata, desidera che il tempo si fermi. La figlia diventa una fonte di vitalità spontanea, in qualche modo rivive in lei la sua adolescenza e le viene naturale proiettare su di lei i suoi desideri, le sue scelte. Non è un processo consapevole e, tantomeno, malevolo. È confusa. Per entrambe è un momento di passaggio. Ma i cambiamenti seguono direzioni differenti e per certi versi opposte. La figlia è sempre più donna e la sua carica sessuale cresce sotto gli occhi della madre. Nella figlia gli ormoni salgono vertiginosamente, mentre nella madre calano e chiudono la sua fase di fertilità, molto importante dal punto di vista simbolico. Due nuove definizioni di sé: quella della figlia che lotta per costruire la sua identità di donna e quella della madre che è costretta a rivedere da capo la sua. Da una parte una crisi da crescita, dall'altra una crisi da maturità raggiunta pienamente.

Succede così che entrambe si guardino con vicendevole amore, sì, ma anche con uno spirito di competizione *sui generis* e sotterraneo. Se da un lato la madre è orgogliosa della bellezza della figlia, dall'altro deve fare i conti con il suo corpo, oltre che le sue resistenze. La madre vede in lei la giovane che è stata e che ormai non è più. L'adolescenza della figlia le ricorda che non è più una ragazza. La figlia è corteggiata, mentre lei sente che la sua femminilità sta perdendo smalto. Ecco perché a lei fa piacere di essere scambiata per una sua coetanea, in certi casi vuole attivamente sembrarlo. A tutto questo va aggiunto il peso dei momenti di depressione che la menopausa porta con sé.

Parte di questo vissuto può costituire quel sentimento di ostilità nei suoi confronti che talvolta Ortensia percepiva nella madre. «Mamma mi respinge, lo so. È cambiata», così mi diceva abbastanza spesso duranti i nostri incontri. Ma soprattutto Ortensia non sopportava che la madre potesse mettersi al suo livello, essere donna come lei si sforzava di diventare. Mi raccontava di provare un certo godimento nel dire alla madre «mangi troppo, non vedi che sei ingrassata!», come se volesse metterne in luce i difetti. Infieriva per proteggersi. E non desiderava semplicemente che fosse chiara la differenza che c'era tra loro dal punto di vista fisico, voleva sottrarsi a tutti i costi dal suo legame con la madre, da quella condivisione a cui era abituata da bambina, e al tempo stesso disinnescare il legame proiettivo della madre nei suoi confronti. Questo il senso della frase che mi ha detto quando ha deciso di chiudere la storia con il suo fidanzato: «La mia storia è un matrimonio di famiglia, non ne posso più!».

Con il tempo la loro relazione si è riequilibrata: Ortensia è riuscita a farsi un quadro chiaro di quanto le stava accadendo, si è svincolata dalla madre con decisione e ha fronteggiato l'ansia di deluderla e di perderne la complicità. Ma molto spesso accade che la figlia rimanga imbrigliata nel rapporto con la madre, con i genitori, rinunci a cercare la sua strada, paralizzata dal sentirsi colpevole di deluderli, di tradirli. Un rischio che sarebbe stato impensabile venti o trent'anni fa. Impensabile allora che le madri volessero *vivere* la vita delle figlie, considerare l'adolescenza della figlia un'occasione per rivivere la propria emotività, gli entusiasmi che sembravano dimenticati.

In realtà, l'intrusione nella vita delle figlie avviene anche in situazioni di ordinaria gestione quotidiana delle cose. Credo sia capitato a ciascuno di noi, almeno una volta, di assumere questo tipo di comportamento nel momento in cui ai figli, in particolare alle figlie, viene accordato il permesso di andare in vacanza con le amiche. Già prima di concederglielo, inizia un giro di consultazioni tra le madri che ben presto si trasforma in un riunione ai vertici, quasi fossero loro a partire. In una situazione in cui mi sono trovato, quattro madri discutevano fra loro per organizzare il viaggio all'estero delle figlie. Una delle ragazze riferì alla propria madre che non desiderava che al viaggio partecipasse una certa amica perché troppo scombinata, non rispettosa degli orari, sicché si sarebbero creati sicuramente dei problemi. La madre prontamente telefonò alla madre della ragazza ritardataria dicendole che sarebbe stato meglio se sua figlia avesse rinunciato al viaggio perché le altre ragazze non la volevano. A questo punto, com'è ovvio, si creò una grande tensione fra le quattro madri, fra chi voleva che la ritardataria partecipasse e chi no. Una storia emblematica del desiderio delle madri di prendere parte alla vita delle figlie, senza rendersi conto che così finiscono per privarle di un'esperienza importante, educativa: quella di discutere fra loro, scontrarsi, trovare un compromesso e decidere cosa e come fare. Una vera e propria espropriazione, seppure benevola nelle intenzioni.

Totalmente diverso è il rapporto della madre con il figlio maschio. Un po' di tempo fa, leggendo il libro di David Foster Wallace mi sono imbattuto in una pagina molto significativa che descrive il rapporto madre-figlio, l'altra geometria difficile da far tornare. Trascrivo l'intero passo:

> In un certo senso il bambino appariva come il riflesso della madre in uno specchio rimpicciolente e profondamente incrinato. Perciò ogni volta che il bambino era maleducato, ingordo, sudicio, stupido, egoista, crudele, disobbediente, pigro, idiota, cocciuto o infantile, la tendenza più profonda e naturale della madre era di odiarlo.

> Ma non poteva odiarlo. Nessuna brava madre può odiare il figlio o giudicarlo o maltrattarlo o desiderare il suo male. La madre lo sapeva. E i suoi parametri riguardo a sé stessa come madre erano, neanche a dirlo, estremamente alti. [...] Dunque la madre era in guerra. Le sue pretese vivevano un conflitto basilare. Conflitto in cui si sentiva che era in gioco la sua stessa vita: il non riuscire a sopraffare l'istintiva insoddisfazione nei confronti del figlio comportava una punizione terribile e rovinosa che, lo sapeva, avrebbe impartito lei stessa, interiormente[15].

Una condizione dolorosa per entrambi e ormai assai diffusa. Non è infrequente, infatti, che le madri abbiamo un forte rapporto proiettivo con il figlio maschio. Proiettivo in senso tutto diverso da quello che generalmente stabiliscono con la figlia. Se con quest'ultima il rapporto proiettivo è di tipo paritario – sembriamo sorelle –, con il figlio maschio è idealizzato e molto simile a quello che solitamente una donna stabilisce con un uomo.

Ho seguito per alcuni anni un caso esemplare in questo senso. Matteo, 13 anni, figlio unico di una famiglia borghese, suo padre mi chiese di vedere il ragazzo perché aveva dei problemi, non sapeva se di salute o se c'era dell'altro. Quando abbiamo iniziato la terapia era preda di continui malori, mal di testa, che si concludevano con episodi di vomito. Assai intelligente, non esplicitava da principio alcun particolare disagio, ci teneva a dare l'impressione di un ragazzo mediamente sereno. Così, chiesi un incontro con i suoi genitori, che mi mise di fronte alla madre, motore primo dei problemi del figlio. Una donna di quasi cinquant'anni, anoressica in modo latente, palesemente insicura e sofferente. Era desiderosa di mostrarmi quanto poco pretendesse dal figlio. Lo faceva sottolineando la sua goffaggine, la sua crescita lenta, tutto quello in cui lui non riusciva, fondamentalmente la sua mancanza di audacia, di coraggio quando si trovava con gli amici.

Cominciai a incontrarli entrambi, in sedute distinte perché avevo ben chiaro che se non fossi intervenuto sul comportamento della madre, il figlio difficilmente avrebbe potuto superare le sue difficoltà. La madre amava profondamente il figlio, ma non lo voleva così com'era. Sotto la sua maschera di donna impacciata e al margine delle cose, di mamma premurosa, affettuosa, tollerante, senza richieste, si celava una donna ambiziosa e fortemente competitiva, i cui valori fondamentali erano la forza, il coraggio, la determinazione, per essere la migliore in ogni occasione. Voleva a tutti i costi che il figlio fosse supercompetitivo, vincente, a scuola, nello sport, nella relazione con gli amici. La tragedia era che negava fosse vero. E suo figlio restava ingabbiato nell'immagine di una madre amorevole e al contempo nemica perché ogni suo amico era migliore di lui e, di fronte a loro, spesso lo ridicolizzava: «Vieni qui piccolo, tanto tu non riuscirai mai a frequentare un corso di vela, come ormai da due anni fa Giulio. A te ti fa paura». Se il figlio, come accadeva, non era il più bravo della classe, non si dedicava allo sport, alla musica, allo studio delle lingue come, secondo lei, facevano i suoi amici, significava che era un debole. Persino il desiderio del figlio di stare in famiglia anziché trasferirsi all'estero dopo le scuole medie era un segnale evidente che sarebbe stato un fallito. A nulla serviva che lui le ripetesse: «È quello che desidero fare». Per lei era insopportabile e basta, perché a essere fallita era proprio lei.

10.
PADRI E FIGLI

Molti della mia generazione sono stati segnati dalla lettura della *Lettera al padre* di Franz Kafka, che racconta l'esperienza di molti di noi con un padre che si mostra inarrivabile. Una figura ingombrante, di cui Kafka non riusciva a liberarsi:

> Ancora dopo anni mi impauriva la tormentosa fantasia che l'uomo gigantesco, mio padre, l'ultima istanza, potesse arrivare nella notte senza motivo e portarmi dal letto sul ballatoio, e che dunque io ero per lui una totale nullità[16].

Era il padre dalla cui bocca, a commento delle nostre azioni, uscivano sempre le stesse parole: «Ho altro per la testa io». «Ho visto di meglio». «Se i tuoi pensieri son tutti qui», come riporta Kafka.

Noi siamo stati la generazione educata dalla legge del padre, una legge che prevedeva quasi sempre il no. Il nostro era il padre edipico, colui che esercitava il potere sull'intera famiglia, imponendo ai figli la castrazione simbolica, ossia la rinuncia al loro desiderio. Il no serviva a garantire l'ordine, in famiglia e fuori.

Quando siamo diventati padri sapevamo una sola cosa: non volevamo essere per i nostri figli quello che nostro padre era stato per noi. Non volevamo che nostro figlio si sentisse inadeguato e senza fiducia in sé stesso, schiacciato da un immenso senso di colpa per tutto ciò che non riusciva ad essere, come era capitato a tanti di noi.

Né volevamo che nostro figlio vedesse nell'allontanamento da noi l'unica *chance* per sentirsi libero, fino al punto di vedere nel matrimonio la sicurezza dell'indipendenza raggiunta, simbolo tangibile della parità raggiunta con il padre. A proposito del matrimonio Kafka scrive:

> Io avrei una famiglia, vale a dire la meta più alta che a mio avviso si possa raggiungere, una meta che tu hai raggiunto, e quindi saremmo alla pari, [...] io diventerei un figlio libero, riconoscente, incolpevole, sincero, e tu un padre rasserenato, non dispotico, comprensivo, soddisfatto[17].

Ma una volta attaccato alla radice l'apparato simbolico che sosteneva la società patriarcale, quale padre siamo riusciti a rappresentare? Qual è la figura che gli abbiamo sostituito? Come già spiegava Jacques Lacan in un famoso discorso del 1968, la nostra è l'epoca dell'«evaporazione del padre».

Michele Serra nel suo romanzo *Gli sdraiati* racconta efficacemente la condizione del padre, i dubbi continui che lo attraversano nell'educazione di un figlio, la misura con cui rapportarsi a lui.

> In certe cupe riflessioni serali, mentre tu eri sparito nel tuo altrove e io rinchiuso nella mia impotenza, ho temuto di aver abdicato, come padre, e di averlo fatto per comodità e pigrizia. Ma al tempo stesso valutavo l'insincerità che mi sarebbe stata

necessaria per fingermi depositario di un ordine vero, articolato in regole ferree e punizioni esemplari. Tra il simulare un'autorità ben strutturata ma finta, ed esercitarne una gracile e fluttuante, però autentica, che cosa è peggio? Dimmi, chi preferisci ritrovarti di fronte: uno che parla una lingua chiara ma non è la sua, oppure uno che parla proprio la sua ma non capisce che accidenti sta dicendo? Nella furibonda disputa – l'ennesima – del mio parlamento interiore, dai banchi di destra si levano accuse cocenti contro l'imbelle rinuncia della sinistra a esercitare l'autorità. Ma anche quando sospetto che la destra abbia ragione, me ne rimango ostinatamente seduto sui banchi della sinistra. E lo sai perché? Perché non posso fare altro. Se non esercito il potere non è solamente per pigrizia... È soprattutto perché al potere, così come si è strutturato prima di te e di me, io non riesco più a credere. E dunque non posso, imbrogliando me stesso, imbrogliare anche te[18].

La nostra è l'epoca della liquefazione dei punti di riferimento sociale, in cui le gerarchie tradizionali appaiono più fragili. È in qualche modo inevitabile che il padre nutra il dubbio di assolvere malamente la sua funzione, che si senta un navigatore a vista nella costruzione del suo nuovo ruolo.

Un padre, anche se lo volesse, non potrebbe più proporsi in modo convincente nel suo ruolo paterno tradizionale. Siamo cambiati noi e sono cambiate radicalmente le donne con cui abbiamo dei figli, il loro ruolo sociale e familiare. Lo vediamo già nella gestione delle cose quotidiane. Fin dall'inizio, quando i bambini sono ancora piccoli, noi padri partecipiamo molto alla vita familiare. Ci occupiamo di loro, gli diamo il biberon, cambiamo i pannolini, li accompagniamo a scuola anche quando la madre non è impegnata nel suo lavoro. Ma soprattutto giochiamo con loro, ne condividiamo i momenti più significativi, all'occorrenza li consoliamo.

Insomma, oggi il padre non è così diverso dalla madre. E anche sul piano delle regole, non è detto che sia il padre a farle rispettare, perché a volte capita che sia la madre la figura più autorevole e il padre si trovi a giocare, in qualche misura, il ruolo di fratello maggiore. Insomma, i ruoli genitoriali sono ormai scambievoli. E questo significa che ciascuno dei due può ospitare atteggiamenti genitoriali anche molto diversi. Quello che cambia è il codice. Se prevale il codice *paterno*, come ha scritto lo psicoanalista Franco Fornari, nei rapporti con i figli diventa rilevante riconoscere e stabilire regole, limiti, punizioni, ossia una cornice normativa interna alla famiglia, capace di valorizzare l'impegno e la responsabilità individuale. Viceversa, se prevale il codice *materno* viene dato valore all'appartenenza, alla condivisione, alla cura nei confronti dei figli, come dice con parole lapidarie – «i figli so' figli» – Filumena Marturano nella commedia di Eduardo De Filippo.

Ma se il padre contemporaneo è in grado di incarnare sia il codice paterno sia, al pari della madre, il codice materno, con l'ingresso dei figli nell'adolescenza il padre oscilla tra comportamenti contrastanti, talvolta rimanendo dietro le quinte, talaltra reagendo impulsivamente. Col paradosso che rischia di diventare un doppione della madre, senza però averne l'autorevolezza.

Dunque, il padre e la madre non personificano più gli archetipi paterno e materno sedimentati nella cultura del passato. Indebolito, cambiato o saltato l'ordine simbolico rappresentato dal padre, la geografia relazionale interna alla famiglia ha più una natura culturale che «naturale».

D'altronde, questa è la conseguenza del fatto che, come scrive il critico letterario Guido Mazzoni:

> Per millenni il modello di famiglia egemone in Europa e in Asia, nonostante enormi differenze culturali, si è retto su alcune caratteristiche comuni: un matrimonio sancito formalmente, l'esistenza di relazioni sessuali privilegiate fra gli sposi, un codice di comportamento pubblico, l'illegittimità dell'adulterio, la natura eterosessuale del rapporto. Nel giro di pochi decenni i vincoli che tenevano insieme questa impalcatura si sono dissolti. L'effetto più vistoso della metamorfosi è la fuga dai legami: il divorzio o la separazione sono diventate pratiche comuni; il numero delle persone che vivono sole, nelle grandi città americane ed europee, ha superato il numero delle persone che vivono in famiglia. Se per le società premoderne l'isolamento era una forma di vita anomala o sospetta, oggi è una condizione normale, e il linguaggio ordinario, sostituendo termini vagamente comici come 'scapolo' o 'zitella' con un termine emancipato e *cool* come 'single', prende atto della trasformazione. Peraltro l'allentamento della coppia e della famiglia tradizionali ha reso più facile creare nuove forme di vita e rivendicare desideri alternativi a quelli considerati legittimi[19].

Fuga dai legami, ma soprattutto trasformazione dei legami, come osserva Massimo Recalcati:

> Il legame familiare dovrebbe essere quel legame che rende possibile l'allontanamento, perché dovrebbe saper accogliere il rivelarsi della differenza singolare[20].

Eppure, una volta i padri accettavano il distacco dal

figlio. Oggi, invece, patiscono il fatto di non sentirsi più *interessanti* per i figli, sembrano non essere più autosufficienti, rimangono in certa misura abbarbicati ai figli, li seguono, li assecondano, vogliono continuare a condividere la loro vita. Succede che il padre si senta tradito dal figlio adolescente, che gli preferisce i suoi amici, si senta abbandonato perché non vede nel figlio alcuna nostalgia delle corse in bicicletta, delle partite di pallone o delle gite in montagna fatte quand'era più piccolo. Michele Serra sintetizza questa condizione con divertente ironia:

> Se vieni con me al Colle della Nasca, ti pago. Un tanto al kilometro, o un tanto per ogni ora di cammino, ci mettiamo d'accordo, non è quello il problema. Quanti soldi vorresti, euro più euro meno, per venire con me al Colle della Nasca? Contanti? Un assegno? Un bonifico?[21].

Il padre appartiene al passato da cui vuole separarsi l'adolescente, che ora ha nuovi punti di riferimento: gli amici. I padri vacillano nel loro ruolo paterno, e vorrebbero continuare a essere i confidenti dei propri figli, e non soltanto figure cui rivolgersi solo per questioni funzionali: motorino rotto, denaro per un viaggio. Ma, specie in un periodo di confusione e di crisi come l'adolescenza, i figli non hanno bisogno di un *padre amico*. Hanno bisogno di una figura autorevole, che non vuol dire autoritaria. Una figura la cui autorevolezza sia capace di far fronte agli attacchi dei figli, che dal canto loro stanno costruendo la propria identità e autonomia.

A complicare i ruoli può intervenire una separazione dovuta all'innamoramento del padre per un'altra donna, non di rado assai più giovane di lui. Il primo a dover prendere consapevolezza delle conseguenze che potrebbero abbattersi sulla sua famiglia se non si mostra in grado di gestire la nuova condizione, dovrebbe essere il padre. Ma non è per nulla secondario il fatto che la scelta amorosa – momentanea o duratura – che il padre sta compiendo si inscrive all'interno di un quadro storico, sociale, psicologico totalmente mutato rispetto al passato. Guido Mazzoni, nel libro già citato, descrive molto bene la metamorfosi che in questi ultimi decenni hanno subito la famiglia, l'amore, i rapporti personali, sostenendo che a indebolirsi per primi sono i legami intrapsichici:

> Oggi le persone appaiono più scisse, più schizofreniche di quanto non accadesse un secolo e mezzo fa; i giunti che tenevano insieme le parti dell'io si sono allentati; viviamo su piani molteplici e la pluralità non è percepita come un problema. Non dobbiamo guardare alle azioni o alle pulsioni in sé, ma alla polizia delle azioni e delle pulsioni, cioè all'indulgenza o alla severità con la quale la nostra forma di vita accetta o censura i comportamenti. [...] Oggi è perfettamente legittimo anteporre il desiderio ai legami e ignorare le apparenze: la pluralità produce conflitti interni molto meno intensi di quanto non accadesse in passato[22].

La parola chiave è «desiderio». Perché come Mazzoni scrive più avanti: «Viviamo esistenze frammentate e attimali; cerchiamo intensità momentanee; i nostri pensieri e progetti, le nostre passioni faticano a durare»[23].

Questo vuol dire che siamo di fronte a un padre libero da sensi di colpa, anzi irresponsabile? Il padre di Michele, che ho seguito per un anno, mentre si trovava nel ciclone della passione e della colpa, non sembrava un padre irresponsabile nel senso più ovvio del termine, cioè incurante delle conseguenze delle sue azioni nei confronti della moglie e del figlio.

È un uomo di questo tempo, come la madre di Ortensia. Un uomo cinquantacinquenne, piacente, con un discreto successo sul lavoro, che si trova a vivere un'esperienza nuova da cui si sente inebriato, rivitalizzato, rimesso in gioco, in una vita che gli si presenta reversibile, anzi *in auto-reverse*. È convinto che può tenere tutto insieme, che sì, non sarà più a casa con suo figlio, ma potrà continuare a fare con lui quasi le stesse cose di prima, mostrandogli senza possibilità di equivoco lo stesso affetto. Financo più efficace perché ora si sente felice, appagato.

Ovviamente, non è affatto semplice, come cerca di convincersi. Suo figlio soffrirà, perché sentirà che la madre è stata abbandonata, un'altra è stata preferita, come se non bastasse, si sentirà in competizione con il padre, che percepirà più come uomo che come padre. Non a caso, suo figlio Michele si mostrava molto seccato quando gli capitava di incontrare il padre mentre lui era in compagnia degli amici. Non sopportava il successo che il padre riscuoteva presso i suoi compagni per essere, a differenza dei loro padri, un uomo ancora *in pista* e maschio, con accanto a sé una donna giovane e graziosa.

11.
LA SESSUALITÀ CONDIVISA

Cristina ha poco meno di quindici anni. I suoi genitori si sono separati. Lei vive con la madre, che ha un nuovo compagno che abita in un'altra casa, pur stando molto spesso da loro. Cristina discute a tu per tu con la madre delle sue scelte sentimentali e il loro scambio fa pensare più a una relazione fra sorelle. Non solo. Prende posizione sul compagno della madre – lo faceva anche con quello precedente –, ironizza e non si trattiene dal dirle: «Non capisco come fai a stare con lui! A me non piace proprio...». Il compagno della madre è un uomo più giovane, e Cristina è incontenibile. Si mette di traverso su tutto. Non le piace vedere la madre tanto coinvolta in quella relazione sentimentale. «Si comporta come se fosse una ragazzina, non la sopporto da quando sta con lui», mi dice durante una seduta. «Mi riempie di regali perché si sente in colpa. È ridicola». Le confidenze della madre sulla sua storia le danno molto fastidio. «Mica siamo sorelle», mi dice.

L'estate madre e figlia vanno in vacanza insieme. Cristina conosce un ragazzo di un'altra città che la invita a casa sua per qualche giorno. La madre di Cristina non solo non si oppone, ma si attiva a tutto campo: si mette subito in contatto con i genitori del ragazzo e, prima della partenza, accompagna la figlia dalla ginecologa per scegliere un metodo contraccettivo. Così Cristina vive i suoi primi rapporti sessuali a casa di un ragazzo appena conosciuto, sotto lo stesso tetto dei genitori, che accettano tranquillamente e anzi approvano. E lo stesso accadrà quando sarà il ragazzo a ricambiare la visita.

A prima vista la situazione appare quasi paradisiaca: è finita con i sotterfugi, le bugie, i pregiudizi, la famiglia si è trasformata in un contesto in cui ciascun componente trova il suo spazio in modo assolutamente paritario, in assenza di qualsiasi conflittualità. Persino la sessualità, il più resistente dei tabù, diventa qualcosa che si può condividere in famiglia, chiunque sia a viverla.

Sicuri che questa condizione abbia una valenza così chiara e sia di segno così univocamente positivo?

Facciamo un passo, un lungo passo, indietro.

In passato la maggiore spinta all'autonomia dei figli derivava dagli ostacoli che i genitori frapponevano allo svolgimento della loro sessualità. Chi oggi ha più di cinquant'anni ricorderà che un tempo il desiderio sessuale era qualcosa di privatissimo, di irrivelabile, tutt'altro che *naturale* se lo si viveva al di fuori del contesto matrimoniale. E molto spesso era proprio la necessità di superare i divieti familiari e sociali e di sperimentare la propria sessualità liberamente a spingere i giovani a formarsi una famiglia il più in fretta possibile. Non a caso, una volta l'età del matrimonio era sensibilmente inferiore alle medie attuali. Se ciò accadeva, era anche perché un tempo gli spazi per la sessualità erano pochi e clandestini. Erano spazi strappati al controllo degli adulti, ottenuti rincorrendo occasioni o pianificando strategie con fratelli, sorelle e amici quando i genitori partivano. Le prime esperienze sessuali si praticavano e vivevano nel terrore di essere scoperti. E ciascuno doveva conquistarsi da sé lo spazio per la passione.

Non solo. Prima di essere travolti dal desiderio, sconosciuto, verso le nostre coetanee, l'educazione sessuale dei maschi nati negli anni Cinquanta o Sessanta avveniva sotto il segno dell'illegittimità familiare e del senso di colpa perché, di necessità, la sessualità maschile si rivolgeva alle figure femminili della famiglia. Era questa una delle ragioni per cui a un certo punto si cominciavano a evitare gli abbracci della madre, a volte in un modo piuttosto deciso, perché la sua vicinanza creava turbamento. Memorabili, in questo senso, le pagine in cui Alberto Moravia, nel suo romanzo *Agostino*, descrive l'eccitazione del protagonista mentre guarda di nascosto la madre intenta a vestirsi in camera da letto.

Intorno ai quattordici/quindici anni, poi, noi ragazzi venivamo travolti dalla passione per le ragazze. Tutto concorreva a dividerci da loro: dalle famiglie alla scuola, ci veniva impedito qualsiasi contatto, ma la nostra mente era letteralmente invasa da fantasie su di loro. Ritagliavamo le foto delle attrici dalle riviste di nostra madre per tenerle nel cassetto o per attaccarle alle pareti della nostra stanza. Ma soprattutto ci si scambiava riviste porno con gli amici. Il desiderio nasceva, così, con il marchio della fantasia *peccaminosa*. Abbiamo impiegato non poco tempo e sforzi per convincerci che il sesso e l'amore sono due esperienze compatibili, anzi l'una il completamento dell'altra.

La sessualità era rigidamente controllata. Le ragazze, in

particolare, erano costrette a casa. La loro libertà era molto limitata perché la sensualità che emanavano rappresentava una minaccia per l'ordine della famiglia. A scongiurare il disordine interveniva il matrimonio, il normalizzatore legittimo del desiderio.

La sessualità era un argomento tabù, non se ne doveva parlare. Per nessuna ragione. Il primo innamoramento poteva trasformarsi in un incubo tanto lo tenevamo segreto. Anche all'oggetto dei nostri desideri: troppo in balìa dei nostri pensieri su di lei e troppo timidi per essere capaci di mandarle dei segnali intellegibili. Anche oggi succede così, ma la differenza è che una volta, del primo amore, non si poteva parlare. La distanza siderale dal proprio padre non avrebbe permesso simili confidenze. Con la madre era diverso, ma quando le confidenze finivano per toccare il desiderio e la sessualità calava il sipario dell'imbarazzo e, infine, il silenzio. Se per caso si sfiorava l'argomento, accadeva solo indirettamente, con imbarazzo, di sfuggita, con il tono di un avvertimento, di un pericolo, di una minaccia. La sola ipotesi che i nostri genitori venissero a conoscenza di un nostro sentimento suscitava in noi un senso di intollerabile vergogna, quasi fosse improprio, illegittimo. Del resto, noi non riuscivamo ad attribuire ai nostri genitori dei desideri analoghi ai nostri e, forse, nemmeno una vita sessuale che non fosse a scopo meramente riproduttivo.

Era questa distanza tra genitori e figli sui temi della sessualità e del sentimento a rendere necessario uno spazio segreto in cui erano ammessi soltanto l'amico o l'amica del cuore, o semplicemente un diario, com'era consueto tra le ragazze.

Spazi segreti, ma anche pericolosi, che la letteratura ha saputo indagare magistralmente. Un esempio su tutti: il racconto lungo di Robert Musil *I turbamenti del giovane Törless*, che racconta le dinamiche sessuali all'interno di un gruppo di amici di un college esclusivo. Gli esiti sono complessi perché fanno vivere fantasie sessuali, anche perverse, che li portano a compiere atti di forza e brutalità virile, prima psicologica e poi fisica, nei confronti di un loro compagno.

Insomma quel che è certo è che l'esperienza di Cristina non sarebbe stata neppure immaginabile per un'adolescente degli anni Cinquanta e Sessanta. A renderla *naturale* ha contribuito il fatto che nella vita della famiglia la sessualità è diventata molto presente, pervade la televisione, il cinema, la pubblicità, è esplicitata nel discorso corrente. Di più: quando pensiamo sia arrivato il momento, ci sembra doveroso informare i nostri figli sui rischi legati alla promiscuità, sul pericolo delle malattie sessualmente trasmissibili, sull'uso dei contraccettivi e, per la madre, anche accompagnare la figlia dalla ginecologa.

Torniamo alla nostra domanda: che valenza ha il nostro modo di rapportarci alla sessualità dei nostri figli (mi verrebbe di aggiungere: e il nostro modo di trasferirgli la nostra?). Sicuri che questa valenza sia così chiara e di segno così univocamente positivo?

Lo abbiamo visto: in passato, per conquistare l'accesso alla sessualità l'adolescente doveva lottare contro l'autorità dei genitori, ma era proprio questa autorità a produrre in lui una spinta all'autonomia. E la seconda era tanto più forte quanto più rigida era la prima. Oggi non c'è bisogno di alcuna particolare spinta per accedere alla sessualità: perché è apertamente legittimata. È diventata in qualche misura un'esperienza accettata e condivisa in famiglia. E in questo modo viene *disinnescata*. Siamo noi a disinnescarla: perché facilitare la vita sessuale dei nostri figli ci rassicura e ci permette di continuare a tenerli sotto controllo, come quando erano bambini. Rallentiamo, manomettiamo la loro naturale pulsione all'autonomia, li teniamo ancora con noi. In questo senso, avviandoli alla sessualità è come se ribadissimo la nostra egemonia, prolungandola.

Si tratta, naturalmente, di un passaggio per nulla semplice. Ecco l'esperienza di un padre che vede la figlia di 14 anni mentre bacia un ragazzo sul cancello di casa. Il padre arriva in macchina, parcheggia e assiste alla scena. Non se lo aspettava. Prima di scendere si chiede come deve comportarsi. Si domanda se deve fare il padre moderno che ritiene di essere e dunque passare davanti a loro, salutarli disinvoltamente e poi entrare nel palazzo. Oppure se deve seguire il suo istinto immediato, assecondare il ruolo del padre tradizionale, arrabbiarsi con la figlia perché si bacia in strada e soprattutto all'ingresso del palazzo dove può essere vista da tutti, soprattutto da lui. Terza opzione: superarli facendo finta di niente, come non li avesse visti.

Mentre il padre si interroga, esce dalla macchina e – quasi che non ci avesse pensato affatto – passa davanti ai due ragazzi senza salutarli. Arrivato a casa si butta sul divano, decisamente turbato. Dopo un po' arriva la figlia che, diversamente da lui, lo affronta: «Si può sapere perché mi passi davanti e neppure mi saluti?».

A proposito del desiderio di condivisione, c'è ancora qualcosa da considerare. Questa volontà di condivisione sembra colmare quel bisogno di *eterna giovinezza* che ormai ci governa. È come se stando così vicino ai nostri figli, attingendo al desiderio, alla vitalità propria dell'adolescenza, ne venissimo contagiati, rivivendo indirettamente qualcosa di una fase della vita in molti casi assai lontana.

Questo desiderio di quasi reincarnazione non è solo proiettivo. È anche legato alla intimità fortissima, quasi simbiotica, che abbiamo stabilito con i nostri figli fin dalla nascita. Ci sentiamo estromessi dalla loro vita, proviamo un sentimento di esclusione. Non siamo preparati al loro bisogno di fare delle esperienze da soli. Noi così progressisti, così aperti, all'improvviso ci chiudiamo, non capiamo perché vogliono tenerci a distanza. E ci accade questo proprio nel momento in cui dovremmo distogliere lo sguardo da loro, lasciarli liberi di affrontare la vita, la loro vita.

Il rischio, quando figli e genitori condividono in tutto e per tutto l'esperienza sessuale e affettiva, è che gli adolescenti non riescano a dare profondità e spessore alla propria sessualità. Le esperienze sessuali custodiscono sempre qualcosa di indicibile, di ineffabile: turbamenti, ansie, paure danno profondità all'esperienza. Se vissuta sotto gli occhi di tutti, della sessualità non resta che la superficie. Se la mamma e il papà dormono in una stanza mentre il figlio e la sua ragazza dormono nell'altra, la privacy viene meno, e dell'intimità resta ben poco. Insomma, che l'accesso alla sessualità venga considerato una cosa scontata, può non essere di aiuto ai ragazzi per vivere la profondità di una relazione. C'è bisogno di intimità, di privatezza, per comprendere, per crescere. Perché non si diventa sé stessi se non, anche, imparando a stare soli. Quando la familiarità è eccessiva, quando l'intimità è svilita, la sessualità non è più un motore importante di emancipazione. Perché non è più un'esperienza che appartiene in tutto e per tutto al ragazzo o alla ragazza che l'hanno desiderata e che l'hanno ottenuta lottando. Per certi versi appartiene anche ai genitori, che l'hanno resa possibile accompagnando la ragazza dalla ginecologa o invitando il ragazzo a dormire a casa in una situazione di trasparenza esasperata in cui tutto avviene sotto gli occhi di tutti.

Nella famiglia che Zygmunt Bauman direbbe «liquida», in cui i confini tra genitori e figli sono molto più sfumati di una volta, vengono meno non solo gli apparati normativi ma anche le necessarie differenziazioni. E invece costruire la propria identità richiede, se non proprio segretezza, almeno intimità e rispetto per la propria singola e individuale differenza.

12.
CON LORO ANCHE A SCUOLA

A noi genitori sembra che lo spazio da occupare nella vita dei nostri figli non sia mai abbastanza. Dobbiamo ammettere che ce la mettiamo tutta per farli restare legati a noi, in tutto dipendenti. Certo, c'è di mezzo il nostro bisogno di proteggerli, di averne attenzione e cura, ma – come ho detto fin dall'inizio – si tratta di cura spasmodica, soffocante. Una cura che assume troppo spesso la forma dell'aspettativa. Come abbiamo visto, il problema ha radici lontane. Già nel 1915 Freud, nell'*Introduzione al narcisismo*, sosteneva che l'amore dei genitori ha una forte coloritura narcisistica. E nel suo saggio *La cultura del narcisismo* Christopher Lasch, anni dopo, ravvisava nel perseguimento dei propri desideri, nel ripiegamento su di sé, i tratti distintivi della vita contemporanea.

Fermiamoci per un momento sul modo in cui ci comportiamo nei confronti dell'attività fondamentale dei nostri figli, quella che occupa nel bene o nel male la loro quotidianità fin da piccoli. Sto parlando, ovviamente, della scuola.

Cominciamo dall'inizio: dopo aver ascoltato, ma più frequentemente orientato nostro figlio/figlia, prefigurandogli un brillante e promettente futuro nell'ambito umanistico o scientifico (perché noi abbiamo capito ben più, e prima, i suoi potenziali talenti), inizia la febbrile ricerca della migliore scuola. La caccia comincia con un giro di telefonate ad amici che abbiano un figlio più grande del nostro. Interrogatori di ore: si comincia dalla scuola, ma subito si passa a chiedere informazioni sulla sezione più esclusiva, con annessa scheda dettagliata del carattere di ciascun insegnante, soprattutto quelli che insegnano la materia in cui, secondo la madre e il padre, eccelle o scarseggia il proprio figlio. Va da sé che nostro figlio è inequivocabilmente bravo, anzi bravissimo: l'insegnante deve essere alla sua altezza perché deve stimolarlo nei suoi talenti, deve metterlo alla prova, ma senza che ciò possa trasformarsi, in caso di esito medio, in senso di incapacità o senso di frustrazione. Subito dopo comincia la verifica diretta: i presidi delle scuole verso cui ci si è orientati. Stiamo così costruendo non solo il futuro di nostro figlio, ma anche il percorso che dovrà fare e con chi dovrà trovarsi.

Tutto questo, si potrebbe obiettare, non è che la dimostrazione evidente dell'accresciuto senso di responsabilità e della maggiore attenzione verso i figli. Non possono che essere benvenuti. Certo: ma valutiamo questo aspetto insieme a quanto succede una volta che i nostri figli iniziano ad andare a scuola. Accade che cominciamo ad andarci anche noi... E ci trasformiamo in commissari, giudici supremi di tutto quello che accade, come se improvvisamente diventassimo esperti di qualsiasi disciplina, dei moderni pedagogisti, dei raffinati psicologi. *Noi* abbiamo un'idea precisa di quali programmi devono essere svolti e soprattutto del modo in cui devono essere somministrati. *Noi* sappiamo quale deve essere lo spazio che lo studio deve occupare perché i nostri figli devono avere il tempo di seguire il corso d'inglese, di vela, di calcio, di danza, di nuoto, di chitarra. Per non dire del tempo che deve restare loro per accompagnarci nei nostri weekend e nei nostri viaggi. Manco a dirlo, *noi* sappiamo come valutare l'insegnante e soprattutto come giudicare il suo sistema di valutazione. Infine, *noi* siamo senz'altro i migliori, i più obiettivi nell'analizzare le dinamiche che si sviluppano in classe fra i ragazzi.

Tempo fa, una mia amica mi raccontò il caso di una ragazza quattordicenne, al primo anno delle superiori, che esibiva un comportamento sessuale provocatorio nei confronti dei compagni. Era più matura fisicamente, e durante l'ora di ricreazione si comportava in maniera disinibita. Alcune compagne lo riferirono alle proprie madri e questo provocò immediatamente una riunione di genitori che chiesero a gran voce l'espulsione della ragazza in questione dalla scuola, ottenendola. Senza ascoltare gli altri ragazzi, e senza neppure parlare – come avrebbero dovuto fare – con gli insegnanti. Avevano deciso da soli il meglio da fare per il bene dei propri figli.

A colpirmi fu non solo la noncuranza nei confronti della ragazza quattordicenne – una figlia adolescente come gli altri, ma evidentemente questa constatazione non risultò rilevante –, ma soprattutto la scelta di non lasciar gestire ai propri figli, con l'aiuto degli insegnanti, la situazione in cui si trovavano e le dinamiche che questa situazione determinava all'interno della classe.

Qualche tempo fa sono stato invitato come consulente

psicologico in un processo aperto, per la denuncia di un'insegnante da parte dei genitori di due ragazzine di terza media. Appena entrata in una classe che non conosceva, la supplente aveva dovuto fronteggiare la reazione scomposta degli alunni: c'era chi gridava, chi si alzava scherzando con i compagni e – come se non bastasse – due ragazzine addirittura saltavano in piedi sui banchi... Nonostante i ripetuti tentativi di ristabilire l'ordine, la confusione non accennava a diminuire. Esasperata, l'insegnante intimò alle due ragazzine di «non fare le cretine». E tanto era bastato per provocare il finimondo: le ragazzine scapparono dalla classe, gridando che la supplente si era permessa di insultarle. Non passò neanche un'ora e nella scuola si precipitarono le madri delle due ragazze, accusando l'insegnante di aver traumatizzato le figlie. Seguì, a stretto giro, un certificato fornito dal Pronto Soccorso che dichiarava uno stato di stress delle due ragazze e, *dulcis in fundo*, la denuncia al Commissariato.

Nel corso del processo dovetti accertare se effettivamente si potesse ravvisare un trauma nelle due ragazzine. «Più che il trauma causato dall'insegnante», dissi, «le ragazze hanno pagato lo stress provocato dalle madri che le hanno trascinate prima al Pronto Soccorso e poi al Commissariato». Il giudice decise di assolvere l'insegnante non ravvisando né le ingiurie, né l'abuso dei mezzi di correzione.

Al di là dell'esito, questo processo è indice non solo del clima che si respira in molte scuole italiane con insegnanti che rischiano di non essere messi in condizione di esercitare il proprio ruolo educativo, intimiditi come sono dagli alunni e dai loro genitori, ma soprattutto del fatto che l'obiettivo delle famiglie adolescenti sembra essere diventato un altro: difendere i figli da tutto e da tutti. Anche dagli insegnanti. E senza che i figli imparino a farlo da sé. Perché una famiglia adolescente è anche questo: una famiglia in cui i genitori si insinuano nella vita del figlio, spesso unico, e sperano in un contagio affettivo che sfumi i confini individuali e crei un «noi» liquido in cui tutta la famiglia è immersa. È un diverso modo di abdicare alla responsabilità genitoriale. Una delle conseguenze più immediate di un comportamento del genere, a parte l'inettitudine cui li si relega, è che i nostri figli finiscono per crescere e credere in un mondo dove vige l'impunità. Ovviamente la loro. Con la nostra complicità, acquisiscono un'arroganza che li induce a mostrare poca attenzione e scarso rispetto nei confronti degli altri – in questo verso i loro insegnanti e la scuola come istituzione. È davvero avvilente sentire alcuni miei amici insegnanti affermare che non si stupiscono più del fatto che, mentre fanno lezione, gli alunni continuano come nulla fosse a dialogare sui social network, senza che loro possano fare alcunché. La verità è che averli eccessivamente assecondati in casa, aver detto loro pochissimi no, li ha resi incapaci di assorbire il senso di frustrazione che viene dalla negazione di un desiderio. Hanno sviluppato un sé grandioso, perciò fragile. A scuola le difficoltà esplodono appena si trovano ad affrontare le necessarie limitazioni e rinunce imposte dal contesto. Non sono in grado di sopportarle, diventano aggressivi, risentiti, svalutanti. Oppure perdono interesse e si ritirano.

Con ogni evidenza si è spezzata l'antica alleanza tra genitori e insegnanti. Era restata salda fin quando ci si sentiva di condividere un comune obiettivo educativo. Il percorso non era sempre lineare, c'erano delle battute di arresto, problemi di disciplina o di studio, ma genitori e insegnanti rappresentavano agli occhi dei figli un sol uomo. Se emergevano delle divergenze, venivano risolte tra adulti e in privato. E questo perché si riteneva che in tal modo i ragazzi avrebbero percepito una linea formativa compatta, tracciata da figure autorevoli (certo, spesso, anche autoritarie), tanto a casa quanto a scuola. Così, se si veniva sospesi, i genitori non solo davano ragione agli insegnanti, ma si preoccupavano di rafforzarli. Spesso era il padre ad assumere un atteggiamento punitivo, che aveva la funzione di castrazione simbolica, atto a correggere il comportamento. In non pochi casi, i genitori assumevano un atteggiamento riverente nei confronti degli insegnanti durante i periodici colloqui con loro, ascoltando in silenzio ciò che questi avevano da dire, e si impegnavano a collaborare per aiutare il figlio a migliorare nel rendimento.

Insomma, per molto tempo non ci sono state grandi possibilità di sottrarsi alla pressione compatta della famiglia e della scuola, alla quale ci si doveva adeguare volenti o nolenti. Ma si è chiuso un ciclo. L'autorevolezza di cui in passato godevano gli insegnanti è venuta meno, non solo agli occhi degli alunni ma anche a quelli dei genitori. E le due cose sono collegate; anzi, è proprio l'atteggiamento dei genitori a rafforzare quest'immagine indebolita degli insegnanti agli occhi degli alunni. Se nostro figlio va male a scuola è perché gli insegnanti sono incapaci di spiegare; se non è diligente, è colpa dell'insegnante che non riesce a far rispettare la disciplina in classe. Se poi non ha un buon rapporto con i compagni, non si integra nella classe, è ugualmente colpa dell'insegnante che permette che questo avvenga. La responsabilità è a senso unico perché la compatta famiglia adolescente non se ne assume alcuna.

Per capire che cosa sta succedendo e perché, dobbiamo tornare ancora una volta a quanto osserva Pietropolli Charmet a proposito dell'adolescente Narciso:

> Gli interessa poco che vengano valutati positivamente i suoi risultati scolastici, ma si esalta – o si mortifica – per una valutazione del valore della sua persona, indipendentemente dal ruolo sociale in cui si è temporaneamente e, a volte, senza molta convinzione incarnato[24].

Ma perché accade questo? Per le ragioni che abbiamo esaminato fin qui. Banalmente, per il modo in cui abbiamo educato i nostri ragazzi. Narciso adolescente diventa furibondo quando viene incrinata la sua immagine presso gli altri, non importa perché. Per lui è insopportabile che qualcuno abbia avuto la sfrontatezza di farlo, che ci siano spettatori presenti. Del resto, come ridimensionare l'ego di una Valentina o un Francesco che hanno visto più e più volte il proprio nome scritto a caratteri cubitali tra le indicazioni stradali di un crocevia perché era il giorno del loro compleanno? Come accettare che qualcuno, chiunque sia, si permetta di negargli un desiderio, se all'aeroporto abbiamo permesso che si formasse una fila chilometrica pur di far trascinare alla nostra bambina un piccolo trolley vuoto, perché lei si è impuntata e vuole fare come i grandi? Abbiamo impartito ai nostri figli una educazione tutta *orizzontale*. E siamo ancora lì che teniamo duro, cercando di fare in modo che il mondo ci assecondi.

Ma l'aspetto più grave è che siamo noi ad averne bisogno. La loro luce è la nostra luce. Li sentiamo – e li abbiamo resi – un nostro prolungamento. Li esibiamo agli altri come piccoli geni all'opera o come geni incompresi. Lode o biasimo, ma sempre i riflettori su di loro, sulla loro unicità. Finalmente ci sono loro, che dimostreranno al contempo la propria e la nostra grandezza, realizzando i sogni ai quali noi non siamo riusciti a dare corpo.

Non è come quando, in passato, i genitori speravano che il proprio figlio diventasse «qualcuno»: un professionista o un personaggio pubblico, un artista. Insomma, che avesse successo. Molti ricorderanno *Bellissima*, film straziante in cui Luchino Visconti racconta la sfrenata ambizione di una madre che sogna che la figlia, ancora piccola e senza alcun talento, possa interpretare una parte in un film, cosa che lei non era riuscita a fare in gioventù.

Oggi è tutto diverso perché, come abbiamo visto, è cambiato il contesto familiare e sociale complessivo. La famiglia adolescente non vuole emanciparsi, nessun componente sembra volerlo davvero, perché il processo di distacco è diventato traumatico e complesso. Sembriamo aver dimenticato che l'adolescenza dei nostri figli è una condizione privilegiata per fare esperienza di noi stessi, di loro e degli altri con occhi nuovi. A vederla così, assume un'altra valenza la ricerca continua di nuove esperienze, di sensazioni forti da parte dei nostri figli: dovremmo considerarla un potente stimolo per essere contemporanei al mondo in cui viviamo. Una valenza positiva, che testimonia come lo sviluppo umano proceda per rotture e sia accompagnato dal dolore che, spesso, provocano. Andando nella direzione esattamente contraria, valorizzando cioè l'attaccamento dei figli adolescenti alla famiglia e considerando negativamente il loro bisogno di autonomia[25], lo scontro e l'incomunicabilità che stiamo sperimentando, rischiano di amplificarsi a dismisura. Dobbiamo riconoscere e accettare la loro individualità e separatezza da noi, ovvero la loro libertà. Per i nostri figli è vitale che ciò accada. Dobbiamo smetterla di proteggerli indefinitamente e di prenderci ossessivamente cura di loro.

Non è un caso che nostro figlio non faccia che ripeterci: «Voi non vi fidate di me, pensate che non sia capace!».

13.
LA FAMIGLIA VISCHIOSA

Così, contro ogni nostro disegno, a dispetto dell'impegno profuso, seppure con mille giustificazioni, abbiamo costruito una famiglia adolescente. Di cui, a questo punto, dovremmo essere in grado di individuare i tratti distintivi.

La famiglia adolescente è una famiglia vischiosa, osmotica, priva di confini evidenti al suo interno. È talmente vischiosa che i figli faticano ad abbandonarla. Sì, certo, non è semplice andarsene: le possibilità di lavoro sono vicine allo zero, gli affitti troppo elevati; ma per contro la famiglia adolescente si premura di continuare a offrire una cuccia comoda, parecchi *benefit*, qualche aiuto economico, spesso la macchina a disposizione, pranzo e cena preparati, camera pulita e una notevole libertà nell'usare la casa di famiglia per vivere le prime esperienze sentimentali.

Ma una famiglia vischiosa finisce inevitabilmente per essere anche una famiglia *endogamica*, perché tutto avviene al suo interno all'insegna di una reciproca complicità, per quanto contrassegnata da scontri e contrasti. Se tutto è condiviso o, per lo meno, coesistente, allora anche la sessualità dei figli viene ricompresa tra le mura domestiche. Il che significa mettere in moto dinamiche molteplici fra vari soggetti con ruoli assai confusi. Lo abbiamo visto nel caso di Cristina: in poco tempo, un semplice innamoramento tra due ragazzi ha generato una nuova comunità, temporanea, costruita in funzione del legame dei figli e della sua durata. Madre-figlia, ragazzo-ragazza, madre di lei-genitori di lui, ragazzo-madre di lei: una ragnatela di relazioni infinita che ha finito per togliere aria e vita a un normale incontro tra adolescenti.

La famiglia adolescente, insomma, sembra fare compatta lo stesso percorso. Sono sotto i nostri occhi i problemi generati da questa nuova organizzazione familiare. Un coinvolgimento reciproco troppo intenso che provoca confusione degli spazi personali e dei ruoli, che intreccia e pasticcia le dinamiche tra i vari componenti.

Non ci si concede reciprocamente alcuna tregua. Non sarebbe possibile. Le giornate diventano segmenti temporali senza buchi. E così per tutto l'anno. Bandito il tempo inutilizzato. I genitori corrono da un capo all'altro della città, continuamente in contatto con gli altri genitori per accordarsi su chi fa cosa. Un'orgia di orari e luoghi in cui farsi trovare. Quello che non capiamo è che per i figli l'incubo – se possibile – è maggiore. Perché non lo scelgono. Perché si sentono costantemente sotto addestramento, seppur travestito da attività ludica, ricreativa. Non fanno a tempo ad uscire da scuola, ed ecco ad attenderli sport, musica, lingue straniere... Che di ludico c'è poco, i nostri ragazzi lo capiscono immediatamente, perché ci devono essere dei risultati: papà e mamma se lo aspettano e lo manifestano chiaramente, anche quando cercano di dissimularlo. Perché nella famiglia adolescente la riuscita dei nostri figli è la *nostra* riuscita. Lui/lei devono essere i più bravi, i più coraggiosi, i più comunicativi, i più simpatici... Per capirlo, basta leggere l'apprensione disegnata sul volto di madri e padri quando li accompagnano in piscina e, financo, a una festa a casa di un amico/a.

Non sono previsti momenti di solitudine, di sana noia per i nostri figli, pur necessaria per imparare a conoscere sé stessi interrogandosi, riflettendo, comunque facendo un proprio percorso, comprensivo anche di difficoltà, frustrazione e dolore, come del resto sarà nella vita normale.

Da questo punto di vista, la famiglia adolescente non rappresenta un anticorpo rispetto alle patologie scatenate dalla società contemporanea. Al contrario. Scrive Guido Mazzoni:

> L'edonismo, l'inappartenenza, il rifiuto del sacrificio, il desiderio di perpetuare parti estese di infanzia, di adolescenza, di gioco, di sogno: ogni critica a questi valori si arresta davanti a un 'perché no?' cui è molto difficile rispondere, la forma-consumo essendo il compimento del processo di secolarizzazione. Se il tempo è solo una lunga emorragia di vitalità, allora *it's better to burn out than to fade away*, fino all'ultimo giro della giostra[26].

Un'emorragia di vitalità che si consuma sotto occhi puntati sempre addosso. Perché è tutta la famiglia a condividere questa esperienza: a casa, fuori, in Rete. Facebook e gli altri dispositivi collegati alla Rete ratificano l'esistenza e il valore delle nostre esperienze: i viaggi, le amicizie, gli amori. Tutto fatto bruciare nell'attimo stesso in cui viene esibito agli altri. A cambiare, infatti, è anche l'esperienza collettiva e personale del tempo, perché «la catena cronologica si è spezzata con violenza, depotenziando il passato e il futuro»[27]. Tutti inchiodati al presente in una grande casa di vetro, inconsapevoli del fatto che la realtà vera è altra cosa, come ci ricorda David Foster Wallace nel suo libro *Il re pallido*, pubblicato postumo:

> Signori, benvenuti nel mondo della realtà: non c'è pubblico. Nessuno che applauda, che ammiri. Nessuno che vi veda. Capite? Ecco la verità: il vero eroismo non riceve ovazioni, non intrattiene nessuno. Nessuno fa la fila per vederlo. Nessuno se ne interessa[28].

EPILOGO

Navigare la tempesta, a volte dando un colpo di timone, a volte assecondando il movimento delle onde. Se tiriamo le fila di quanto abbiamo detto fin qui, è questa l'immagine che più ci descrive in quel periodo assai delicato che vede incrociarsi gli anni dell'adolescenza dei nostri figli con i nostri cinquanta, e quanto si portano dietro. Dobbiamo bilanciare i dubbi che ci assalgono, sapendo che stiamo condividendo con loro due o tre anni tra i più difficili non solo per noi, ma soprattutto per loro. Pian piano il moto ondoso in cui siamo tutti coinvolti si placa e trova un suo assetto. Probabilmente tutto questo è la conseguenza di una maggiore consapevolezza di sé e di una capacità di interrogarsi sicuramente più grande rispetto al passato. Ma questo non esaurisce il problema. Dobbiamo chiederci se ciò non corrisponda anche ad una nostra maggiore fragilità personale. Dovuta, per esempio, al fatto di vivere in una linea temporale che non sopporta l'avvicendarsi delle tappe biologiche della vita. Non è un cambiamento di poco conto dal punto di vista psicologico ed esistenziale. Come scriveva Max Weber, noi viviamo la condizione di «essere stanchi, sì, della vita», ma non sazi di vita.

Così, le madri sono madri ma restano saldamente donne, i padri sono padri ma restano saldamente uomini, giocano entrambi i ruoli con la stessa determinazione, come mai in passato. Perché mai in passato abbiamo costruito una famiglia così tardi: arrivano a coincidere momenti cruciali della nostra vita con il momento cruciale della vita dei nostri figli, qual è appunto quello dell'adolescenza.

Adolescenza che a sua volta si è molto *allungata*, al punto che è difficile individuarne un percorso tipico. Perché – per usare un'immagine – se l'adolescenza un tempo si manifestava come un corridoio lineare e definito, oggi è più simile a una prateria di cui non si vedono i confini e si ha l'impressione di perdercisi. Lo abbiamo visto, l'adolescenza maschile e femminile si sviluppa secondo percorsi più fluidi e diversificati, che non ricalcano i modelli descritti dalla tradizione psicoanalitica.

I conflitti con le figure familiari sono intensi perché nell'immaginario degli adolescenti possono diventare, con la loro presenza pervasiva, una minaccia alla loro autonomia (questo è particolarmente vero per le figlie nel loro rapporto con la madre). Ma anche l'inaspettata assenza dei genitori può rappresentare un motivo egualmente forte di conflitto: attraversando i genitori un periodo altrettanto complesso dal punto di vista personale, può accadere che non si accorgano di quello che sta succedendo al figlio o alla figlia, presi come sono da sé stessi e dalle loro crisi del passaggio di età. I coetanei, il gruppo, diventano così per i nostri adolescenti le figure indiscusse a cui rifarsi per affrontare questa fase. Ma se da un lato il gruppo garantisce un forte riferimento nella costruzione della loro identità e, soprattutto, la sponda rassicurante che placa la paura di non sentirsi soli, dall'altro questa sponda mostra la sua falla: ha un carattere, per così dire, orizzontale, assai diverso da quello verticale trasmesso dai genitori.

Dunque, siamo tutti in mare. L'adolescenza appartiene ai figli, ma investe l'intera famiglia. È sempre stato così, ma oggi lo è in modo particolare e specifico. Lo abbiamo visto. I ruoli non sono più rigidi, prefissati, e a non sentirli così sono proprio coloro che li incarnano. Non esiste più una famiglia tipo, capita sempre più spesso che se ne abbia più di una, vivono insieme figli che provengono da famiglie differenti, e noi con loro assumiamo ruoli plurimi. È venuto meno – abbiamo contribuito attivamente a farlo venir meno – il sistema di valori che esisteva in passato e che ci attribuiva con forza il nostro ruolo. Senza modelli di riferimento a cui richiamarci, i genitori di oggi sono soli, sentono così *liquido* il proprio ruolo che cercano conforto e conferma dai figli, persino una legittimazione.

Viviamo questa esperienza così dura e improvvisa soprattutto durante i primi anni dell'adolescenza dei nostri figli. Un periodo complesso che mette duramente alla prova la tenuta stessa della famiglia. Siamo bersagliati da comportamenti provocatori, pericolosi, impulsivi a cui abbiamo difficoltà a rispondere. Non poche volte siamo tentati di ricorrere al repertorio tradizionale di punizioni, ma subito ne avvertiamo l'inutilità, subito ci appare chiaro che sono misure addirittura controproducenti. Non farebbero che dimostrare la nostra sensazione di impotenza: è come se dicessimo ai nostri figli che non c'è nessuno in famiglia in grado di tenere il timone. Bisogna invece continuare ad essere presenti e vigili senza farsi indebolire dalla loro rabbia. Se siamo in grado di resistere, i nostri figli prenderanno atto che la loro rabbia non è in grado di distruggere tutto e che i genitori sono più forti delle loro strattonate, sono saldi e capaci di essere, in qualunque situazione, un riferimento che non viene meno. I genitori devono essere per loro un oggetto d'uso, cioè riconoscerli come figure presenti nella realtà, con i loro aspetti positivi e negativi.

Un consiglio? Bisogna cambiare marcia con i figli che crescono. Non possiamo continuare ad avere le stesse aspettative di quando erano piccoli. È vero, non è facile sopportare il mugugno, il muso, i risentimenti, si sarebbe tentati di sbottare, perché ci si sente allontanati, spodestati. Ma è importante che le nostre risposte ai comportamenti dei nostri figli non provochino un corto circuito. Un esempio: quando nostro figlio, o nostra figlia, di 15 anni rientra a casa troppo tardi la sera nonostante gli accordi presi, meglio affrontarli sulla porta di casa, non facendosi coinvolgere in uno scontro violento, sia pure a parole, in cui rischiamo di perdere se nostro figlio ribatte colpo su colpo. Più efficace dirgli una frase laconica del tipo: «Sei tornato troppo tardi, adesso vai a dormire, ne parliamo domani». In questo modo, restituiamo l'immagine del genitore che sa mantenere il controllo della situazione, stabilendo le regole del gioco. Perché fra genitori e figli esistono, più o meno implicitamente, delle regole del gioco, ed è quindi importante evitare che nostro figlio ci dia scacco matto: lo vivrebbe come un suo trionfo e come una nostra capitolazione. Certo, si può battere anche la via più difficile che è quella di concordare con lui queste regole, ma quale che sia la scelta adottata, deve essere sempre chiaro che ci sono delle regole e che devono essere condivise. Da entrambi le parti.

Da questo punto di vista, il padre può giocare un ruolo importante se impara a occupare la scena familiare, può mettere dei punti fermi, pur mantenendo un atteggiamento amichevole con i figli. Anche in maniera convincente e duratura. Importante è non assumere il ruolo del genitore amico, non giova al genitore e ancora meno al figlio. Dobbiamo sforzarci di non assecondare il rapporto di complicità che potrebbe crearsi se assumiamo il ruolo di confidenti, che presto si trasforma in una invasione degli spazi personali di nostro figlio.

Quando i nostri figli si rivolgono a noi per raccontarci le loro pene d'amore, noi ci troviamo oggettivamente in difficoltà, di fronte a una scelta affatto scontata: non ascoltarle può essere interpretato come disinteresse da parte nostra, ma ascoltarle può creare una complicità, gratificante al momento, ma che può determinare una consuetudine di confidenza eccessiva. Credo che un comportamento saggio sia quello di disporsi all'ascolto marcando tuttavia un confine con un suggerimento: «Capisco quello che stai vivendo e sono contento che tu me ne abbia parlato. Ma perché non ne parli anche con i tuoi amici? Magari loro condividendo le stesse esperienze ti possono capire meglio». Sono parole difficili da dire, perché è difficile non intervenire quando si vede un figlio in difficoltà.

Spesso siamo troppo spaventati dalla possibilità che i nostri figli restino traumatizzati da qualche esperienza mal gestita, li vorremmo proteggere, anzi evitargliela. La scuola, sotto questo aspetto, offre una miniera di esempi, lo abbiamo visto. Se, ad esempio, nostro figlio tornando da scuola ci racconta che i suoi compagni lo prendono in giro, noi entriamo comprensibilmente in fibrillazione, il primo impulso è andare a parlare con gli insegnanti e con i genitori dei compagni. Ma è opportuno l'intervento dei genitori? Sicuramente sì, se ci troviamo di fronte a pesanti comportamenti di bullismo. Ma nella maggior parte dei casi si tratta di situazioni piuttosto frequenti che si creano fra ragazzi per affermare la propria leadership. E quindi l'intervento dei genitori potrebbe risultare negativo, perché i compagni potrebbero interpretare questo intervento come il segno che il compagno è un vigliacco, che li ha traditi chiedendo aiuto ai suoi. Anche in questo caso, l'atteggiamento da assumere è far capire a nostro figlio che è importante che provi a sbrogliarsela da solo, e magari discutere con lui su quale sia la strategia migliore per far desistere i suoi compagni. Non dobbiamo dimenticare la lezione di Freud, secondo il quale i traumi possono servire a mettere alla prova l'Io, in quanto stimolano nell'individuo le capacità di fronteggiarli. I bambini, e ancor più gli adolescenti, hanno notevoli risorse in questo senso, se solo noi non le neutralizzassimo con la nostra ansia.

Dobbiamo imparare a tenere a freno la paura di non essere abbastanza forti, perché è molto importante responsabilizzare i nostri figli, soprattutto in questo periodo della crescita. Non devono essere tenuti in una condizione di minorità operativa, dobbiamo farli partecipare alla vita familiare, a cominciare dalle cose che possono sembrare meno importanti – rifarsi la camera, apparecchiare la tavola. Solo responsabilizzandoli li mettiamo in condizione di sprigionare la loro forza, la loro vitalità e il loro entusiasmo. L'esperienza dei giovani a Genova dopo la recente alluvione è stata illuminante: hanno preso vanghe e badili e hanno iniziato a ripulire la città dal fango, incuranti di coloro che avevano contribuito al dissesto idrogeologico e che tardavano ad intervenire. Lo stesso abbiamo visto durante il terremoto dell'Aquila, quando un gruppo di università italiane e straniere ha impegnato ragazzi delle scuole del territorio nella ricostruzione della città.

Ricordo queste esperienze perché emblematiche del comportamento dei giovani quando si smette di pensare a loro come a soggetti immaturi e irresponsabili. Dare ai nostri figli lo spazio di azione che gli è dovuto, alimenta anche noi adulti: ci ricordano che dobbiamo conservare l'entusiasmo, la capacità di meravigliarci, altrimenti la vita diventa una esosa pratica da sbrigare. Ricordo sempre il telegramma che mi mandò il regista Bernardo Bertolucci per i miei cinquant'anni. C'era scritto: «Benvenuto fra coloro che sono cresciuti senza diventare adulti». E san Gregorio di Nissa, un Padre della Chiesa, scriveva che solo lo stupore conosce. Se diventando adulti si perde inevitabilmente curiosità e capacità di meravigliarsi, il mondo dell'adolescenza ci risulta incomprensibile e anche fastidioso. È una lezione che dobbiamo ri-apprendere anche dai nostri figli: la meraviglia di essere al mondo, di essere vivi, di trovarsi di fronte a una bella giornata e al proprio figlio che cambia ogni giorno. Perché la capacità di meravigliarsi è un modo di conoscere.

E se è vero quello che sostiene il neurobiologo Jay

Giedd, e cioè che l'adolescente è una persona che ha un motore potente che non è in grado di guidare, comprendiamo quanto sia necessaria una nostra guida *discreta* e *consapevole*. Sottolineo i due termini perché, come abbiamo osservato, cercare di interferire nella vita dei nostri figli, indirizzarla o persino prevenirla può creare più problemi di quanti ne possa risolvere.

David Bainbridge, nel suo libro *Adolescenti*[29], descrive l'adolescenza come una grande opportunità di sanare i problemi del passato e di sviluppare le qualità e le competenze che risulteranno vitali nella vita adulta: nell'amore, nel sesso, nella capacità di relazionarsi con gli altri e soprattutto con sé stessi. È importante che i genitori e gli insegnanti abbiano una visione dell'adolescenza come un lungo periodo di apprendistato che conduce all'età adulta. È importante anche per gli stessi adolescenti, che dovrebbero recuperare una visione rivolta al futuro fuoriuscendo dall'immersione nel presente che sembra caratterizzarli.

Erik Erikson, circa cinquant'anni fa, propose per gli adolescenti un periodo di moratoria. In questo periodo in cui si viene sospesi dagli obblighi, gli adolescenti dovrebbero fare esperienze diverse: viaggiare, incontrare ragazzi e ragazze di ogni paese, innamorarsi, deludersi, scoprire i propri interessi, cercando di capire alla fine di questo percorso di autoconoscenza e di conoscenza del mondo quello che vogliono fare. Il modello di Erikson, lo sappiamo, non ha fatto breccia nei paesi di cultura latina come l'Italia, se non in questi ultimi anni, e solo nelle famiglie intellettuali borghesi. Era prevedibile, considerando quanto abbiamo detto fin qui.

Viceversa nei paesi anglo-sassoni i ragazzi e le ragazze, al termine delle scuole superiori, usufruiscono di un anno sabbatico e possono fare lunghi viaggi con pochi soldi e un sacco sulle spalle. Alla fine di questo periodo, si deve essere pronti a scegliere se lavorare o studiare e – ancor più importante – a organizzarsi per andare a vivere da soli, campus o casa condivisa, squattata che sia. Le loro famiglie non assomigliano affatto alle famiglie adolescenti!

Vorrei chiudere con una lunga citazione da un libro di una giovane scrittrice, Emmanuela Carbé, dal titolo a dir poco stravagante *Mio salmone domestico. Manuale per la costruzione di un mondo, completo di tavole per esercitazioni a casa*. Credo sia una descrizione molto poetica e autentica di un diffuso stato d'animo dei nostri figli:

> Mio salmone domestico mi guarda e mi chiede se voglio sapere il nostro problema e io gli dico che non lo voglio sapere ma lui mi dice ugualmente che il nostro vero problema è il disincanto e che ormai le cose ci scivolano via senza che neanche proviamo a desiderare qualcosa così anche se noi avessimo qualcosa di eccezionale da essere (per ipotesi, ha aggiunto), sarebbe messo così in alto nella libreria ikea che nessuno lo potrebbe afferrare.
>
> Ah, gli ho risposto, e poi sono andata a pulire il camino. [...]
>
> Salmone, gli dico, è tempo di pensare al futuro. Ehhhh, dice mio salmone con un'iperbole della pinna come per collegare un futuro al passato remoto, ce n'è ancora di tempo. Non c'è più tempo, gli dico, dobbiamo pensarci. Bisogna arrivarci preparati al futuro, bisogna vestirsi bene, lo capisci? Dobbiamo pensare a cosa fare, a dove vivere, a dove lavorare. Ma come, dice Salmone, ma a un certo punto non vengono degli specialisti specializzati a visitarti e affidarti il lavoro più idoneo alle tue capacità e attitudini presentandoti una rosa di possibilità? Ovvio che sì, gli

rispondo, verranno a bussarci alla porta una fila di richiedenti, ci chiederanno di dirigere la Pannonia e il Liechtenstein, e faranno la guerra la Francia e l'Inghilterra per averci a capo.

Però, gli dico, mettiamo caso che il giorno in cui i capi delle maggiori potenze mondiali bussino alla nostra porta e noi siamo in bagno, mettiamo, mettiamo anche che ci cerchino al telefono e abbiamo il telefono scarico, mettiamo, poi vuoi dirmi come facciamo? Oh, dice Salmone, domanda interessante, li richiamiamo noi? Salmone, gli dico, ma tu sai quanto costa una telefonata internazionale?

Hai ragione, mi dice, dobbiamo agire prima di loro[30].

NOTE

[1] D. Eggers, *L'opera struggente di un formidabile genio*, Mondadori, Milano 2001, p. 237.

[2] J. Franzen, *Le correzioni*, Einaudi, Torino 2002.

[3] M. Proust, *La strada di Swann*, Einaudi, Torino 1978, pp. 15-16.

[4] E.J. Hobsbawm, *Il secolo breve*, Rizzoli, Milano 1995, pp. 381-382.

[5] Franzen, *Le correzioni* cit., p. 189.

[6] A. Phillips, *Against Self-Criticism*, «London Review of Books», vol. 37, 2015, pp. 13-16: 13.

[7] A. Moravia, *Il conformista*, Bompiani, Milano 1994, pp. 67-68.

[8] J.N. Giedd, *Le meraviglie del cervello adolescente*, «Le Scienze», agosto 2015, p. 52.

[9] W. van den Bos, E. van Dijk, M. Westenberg, S.A. Rombouts, E.A. Crone, *Changing brains, changing perspectives: the neurocognitive development of reciprocity*, «Psychological Science», 2011, 22 (1), pp. 60-70.

[10] G. Pietropolli Charmet, *Fragile e spavaldo. Ritratto dell'adolescente di oggi*, Laterza, Roma-Bari 2014^6, p. 53.

[11] D. Boyd, *It's Complicated: The Social Lives of Networks Teens*, Yale University Press, New Haven 2014, p. 49.

[12] Pietropolli Charmet, *Fragile e spavaldo* cit., p. 62.

[13] J. Franzen, *Forte movimento*, Einaudi, Torino 2004, cap. X.

[14] D.W. Winnicott, *L'uso di un oggetto e l'entrare in rapporto attraverso identificazioni*, in *Gioco e realtà*, Armando Editore, Roma 1974.

[15] D. Foster Wallace, *Il suicidio come una specie di presente*, in *Brevi interviste con uomini schifosi*, Einaudi, Torino 2000.

[16] F. Kafka, *Lettera al padre*, Studio Editoriale, Milano 1987, p. 14.

[17] Ivi, pp. 64-65.

[18] M. Serra, *Gli sdraiati*, Feltrinelli, Milano 2013, p. 89.

[19] G. Mazzoni, *I destini generali*, Laterza, Roma-Bari 2015, pp. 20-21.

[20] M. Recalcati, *Cosa resta del padre? La paternità nell'epoca ipermoderna*, Raffaello Cortina, Milano 2011, p. 93.

[21] Serra, *Gli sdraiati* cit., p. 49.

[22] Mazzoni, *I destini generali* cit., p. 17.

[23] Ivi, p. 22.

[24] Pietropolli Charmet, *Fragile e spavaldo* cit., p. 6.

[25] M. Malagoli Togliatti, R. Ardone, *Adolescenti e genitori*, La Nuova Italia Scientifica, Roma 1993.

[26] Mazzoni, *I destini generali* cit., p. 47.

[27] Ivi, p. 22.

[28] D. Foster Wallace, *Il re pallido*, Einaudi, Torino 2011, p. 299.

[29] D. Bainbridge, *Adolescenti. Una storia naturale*, Einaudi, Torino 2010.

[30] E. Carbé, *Mio salmone domestico. Manuale per la costruzione di un mondo, completo di tavole per esercitazioni a casa*, Laterza, Roma-Bari 2013, pp. 11-12, 92-93.